青春期，父母要懂的心理学

夏洛◎编著

Learn Some Psychology to Better Understand Adolescent

中国纺织出版社有限公司

内 容 提 要

通过学习青春期心理学，可以洞悉青春期孩子言行的意义。有时候，孩子的行为看起来不可理喻，但只要父母能及时有效地运用青春期心理学，就会发现孩子只是在用他们的思维方式构建着自己的小世界。另外，父母可以通过观察孩子、研究孩子的一言一行来辨别孩子言行背后真实的心理。理解青春期孩子真正的需求，给予孩子最好的信任和关爱，这才是青春期教育的最终目的，也是青春期心理学的最终目标。

本书主要剖析了10~16岁青春期孩子的心理和生理特点，运用简洁的语言，以及生动鲜活的案例，帮助父母了解青春期孩子叛逆行为背后的内心需求，引导父母打开孩子的心扉，从而帮助孩子轻松度过青春期。

图书在版编目（CIP）数据

青春期，父母要懂的心理学 / 夏洛编著.--北京：中国纺织出版社有限公司，2024.4
ISBN 978-7-5229-0389-7

Ⅰ.①青… Ⅱ.①夏… Ⅲ.①青春期—青少年心理学 Ⅳ.①B844.2

中国国家版本馆CIP数据核字（2023）第041384号

责任编辑：刘桐妍　责任校对：高　涵　责任印制：储志伟

中国纺织出版社有限公司出版发行
地址：北京市朝阳区百子湾东里A407号楼　邮政编码：100124
销售电话：010—67004422　传真：010—87155801
http://www.c-textilep.com
中国纺织出版社天猫旗舰店
官方微博 http://weibo.com/2119887771
三河市延风印装有限公司印刷　各地新华书店经销
2024年4月第1版第1次印刷
开本：710×1000　1/16　印张：13
字数：133千字　定价：49.80元

凡购本书，如有缺页、倒页、脱页，由本社图书营销中心调换

前言
PREFACE

众所周知，青春期是孩子成长的一个重要转折点，同时也是最容易产生叛逆心理的阶段。面对这一阶段的孩子，父母总会抱怨："我家孩子越来越大，跟我们说话却越来越少。"孩子进入青春期，父母却迎来了烦恼期，因为在父母看来，孩子不再像小时候那样是父母的乖宝宝了，而且总是有意地拒绝与父母交流。对此，父母表示很不理解，也不知如何才能与青春期的孩子和谐相处。

青春期的孩子往往会出现让父母难以理解的言行，比如总是与父母对着干、爱慕虚荣、追赶所谓的时尚潮流，这些行为是父母无法理解的。那么，父母该如何寻找对孩子行为的合理解释呢？又该如何从孩子的言行中辨别出其真实的心理需求呢？

如果想了解青春期孩子的行为模式，父母就需要掌握青春期心理学。有处于青春期的孩子的父母都会遇到这样的问题：孩子不听话，总是和我对着干。这就是被大众所熟知的青春期心理。青春期孩子认为自己拥有决定自己行为的自由，假如这种自由被威胁、被取消或者被减少，他们就会想要去恢复被威胁的自由或者防止自己的其他自由丧失，而这种保护自由的心理就被称为青春期心理。每个孩子都会有青春期心理特征，只是在不同的孩子身上会有不同的体现。透过青春期孩子的行为表现，父母要根据青春期心理学，认真分析并判断出孩子真实的心理需求。

父母的教育，是从了解青春期的心理需要开始的。针对孩子自尊心强、喜欢追求自由等特点，父母的责任就是在他成长过程中为其创造一个独有的空间，让孩子凭学习掌握让自己成功、快乐的能力。如此一来，孩子便能拥有自己的人生和自由，成为自己的主宰者，而非父母意志的执行者。同时，父母应该和孩子交朋友，这对促进亲子沟通，缓和亲子矛盾大有裨益。另外，父母不要总是一副高高在上的样子，而是要与孩子平等相处，让孩子知道"我可以引导并帮助你过好自己的一生"。

父母应该了解青春期孩子行为特点背后的动机，毕竟叛逆只是青春期孩子行为的表象。同时，父母也要分析孩子言行背后的原因，是否是自己没有以身作则、言行一致，却要求孩子做到；又或者自己平时管得太严了，让孩子产生了叛逆之心。总之，父母只有多分析孩子言行背后的动机，才能引导孩子朝着正确的方向发展。

编著者
2023年12月

目录
CONTENTS

第1章
课桌上的青春，帮助孩子解决学习困难

003 · 如何帮助孩子找到学习的意义

006 · 青春期的孩子容易产生厌学情绪

009 · 女孩子就应该学文科吗

012 · 孩子不喜欢老师，故意不好好学习

015 · 青春期孩子偏科严重怎么办

017 · 总感觉老师不重视自己，学习成绩下降

第2章
织"网"的青春，帮助孩子走出网络泥潭

021 · 引导孩子转向其他的兴趣

024 · 指导孩子借助网络进行学习

026 · 孩子深陷网络游戏不能自已怎么办

028 · 青春期孩子容易沉迷网络

031 · 帮助孩子以健康的方式戒掉"网瘾"

033 · 让孩子试着亲近自然

第3章
风雨的青春，提高孩子的心理承受能力

- 037 · 在孩子失败时给予适当的鼓励
- 040 · 引导孩子正确看待别人的成功
- 043 · 帮助孩子正确面对无处不在的竞争
- 046 · 如何增强孩子的抗压与抗挫折能力
- 049 · 孩子心理调节能力差，一上场就紧张
- 052 · 孩子"求胜欲"强，总想着赢

第4章
成长不烦恼，用爱打开孩子的心门

- 057 · 孩子厌烦父母的"唠叨式"管教
- 060 · 青春期的秘密都锁在日记本里
- 064 · 孩子总是抵触父母的关心
- 067 · 孩子和父母日渐疏远
- 070 · 青春期孩子精神上渴望独立，与父母分离
- 073 · 孩子不再愿意和父母说心里话

第5章
躁动的青春，引导孩子理性对待青春期情感

- 079 · 青春期的孩子希望得到异性的青睐

目录

082 · 孩子失恋，父母需要多关注

084 · 青春期孩子陷入了单相思怎么办

086 · 早恋不是"洪水猛兽"，提前给孩子打预防针

088 · 客观分析孩子是否有同性恋倾向

090 · 早恋到底会不会影响学习

092 · 教孩子婉拒异性的追求

第6章
青春的困惑，引导孩子正确对待生理变化

097 · 如何对孩子进行正确的性教育

100 · 青春期生理发育的烦恼

103 · 青春期别恐惧性幻想

106 · 坦然自若，给孩子讲讲"性"

108 · 青春期想与异性身体接触

110 · 如何消除青春期的异性恐惧症

第7章
叛逆的青春，用话语疏导孩子的逆反心理

115 · 正确引导处于叛逆期的孩子

118 · 孩子总嫌弃父母思想老套

121 · 青春期的孩子总嫌父母"烦"

124 · 孩子在课堂上捣乱是出于什么心理

127 · 孩子总顶嘴，你知道根本原因吗

- 129 · 孩子不认可父母怎么办
- 132 · 青春期的孩子为什么对吸烟好奇

第8章
潮流的青春，正面引导孩子追求有意义的事物

- 137 · 引导孩子树立正确的偶像观
- 140 · 引导孩子正确认识青春时尚
- 142 · 孩子爱攀比，别人穿名牌自己也要有
- 144 · 青春期的孩子喜欢追赶潮流
- 147 · 青春期叛逆少年的摇滚乐
- 150 · 帮助青春期孩子克服虚荣心
- 152 · 青少年为什么喜欢追星

第9章
多变的青春，引导孩子成为快乐的人

- 157 · 虚荣心让孩子爱上了攀比
- 160 · 孩子面对压力，情绪容易爆发
- 163 · 孩子为何偏偏不服老师的管教
- 165 · 自卑的孩子喜欢发脾气
- 168 · 内心胆怯的孩子缺乏信心
- 171 · 父母越是唠叨，孩子越是叛逆
- 174 · 孩子为什么总容易发怒

第10章
青春的友情,引导孩子正确择友与交友

- 179 · 引导孩子建立自己的择友标准
- 182 · 如何克服青春期社交恐惧症
- 185 · 不要过多限制孩子的交友自由
- 188 · 孩子为什么总喜欢独来独往
- 191 · 关心孩子交什么样的朋友
- 193 · 孩子在学校人缘不好怎么办
- 195 · 培养孩子的底线意识和拒绝技巧

198 · 参考文献

第1章

课桌上的青春,帮助孩子解决学习困难

一位孩子在日记里吐露了自己的心声:"有时想给父母一个承诺,但怕父母因结果不如愿而失望;也怕父母抓住我的承诺,给我施加压力。我还是给自己留一条后路吧。"对于青春期的孩子,为了父母和老师的殷切期望,原本简单的学习多了许多烦恼。

如何帮助孩子找到学习的意义

家长的烦恼

走进心理咨询室的是一位高三学生的家长，他讲述道："孩子临近高考了，可学习越来越不像样，昨天回到家，我叮嘱他好好学习，没想到他却生气地说：'学习，学习，一天到晚就知道让我学习，学习有什么用啊？你没听说过百无一用是书生吗？那厚厚的书本能当钞票使吗？'我一听，就火冒三丈地吼道：'那你现在这个年纪，不学习，能干什么？你想清楚没有，你的未来到底是什么样的？'儿子听我这样一说，立即变得垂头丧气，他向我抱怨说读书没用，但又不知道自己能干什么，对自己的未来很迷茫。你说，我就这么一个孩子，他说不想读书就不读书，我这做家长的该怎么办啊？"

这些年来，青少年心理门诊就诊人数正在逐年增加。本来，这些孩子都应该是朝气蓬勃、无忧无虑的。然而，如今越来越多的孩子张口闭口就是"郁闷""迷茫""无聊"。对于这样的情况，一家心理咨询室做了"青少年心理健康"的调查，结果显示有85%的初中以上的孩子直言自己"没有梦想"，也有许多孩子表示"对于自己的未来非常茫然"。

一位正处于迷茫中的青少年这样说："小学的任务就是考上好的初中，初中的任务就是考上好的高中，上好的高中是为了上好的大学。终于上大学了，我却不知道自己的前方到底是什么？我该何去何从？"差不多这个年纪的孩子，都表示"没什么梦想"，根本不知道"何谓梦想"。同时，他们也觉得学习没用。有孩子说"亲眼看到读到博士后的人却过着清贫的生活，不知道这到底是为了什么"。一方面，是社会的现实在刺激着他们，让他们开始质疑自己

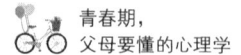

一直以来坚持的东西是否错了；另一方面，因为从小凡事都由父母做主，渐渐地，他们已经丧失了追逐梦想的激情。

从古至今，在社会上，读书无用论从未消失过。台球神童丁俊晖不读书，照样拿世界冠军；青年作家韩寒，高中严重偏科，后来干脆辍学当起了作家，而且，其作家之路可谓是风生水起。这样一些鲜活的例子冲击着孩子们的内心，逐渐使孩子们开始倾向于"读书是没用的"这一论断。作为父母，不能让孩子只盯着所谓"成功的捷径"，而无视知识对一个人健康成长的重要性。"许多大老板没什么文化，有文化的却只能给人家打工"，这是许多青少年脱口而出的话。对于孩子这样的观点，父母十分担忧，甚至不知道该怎么样和孩子沟通。不过，如果孩子不能及时明白这些道理，他就会一直这样迷茫下去。

心理支招

1.引导孩子树立正确的观念

从事多年教育工作的韩秀珍老师说："孩子不喜欢读书、认为读书没用，有两方面的原因：一是学习很苦很累，二是受父母以及周边人的影响。如果是受父母以及周边人的影响，父母应该告诉孩子这种看法太片面，并告诉孩子：如果某某多读几年书，可能现在的状况会更好。"

如果孩子觉得学习太苦而认为读书是没用的，那么，父母应该告诉孩子："世界上没有哪个学生会认为读书是一件轻松的事情，现在是打基础的阶段当然会辛苦一点儿，但知识掌握得越多，将来应对困难的方法就越多，学习其实就是对未来的保障。"同时，父母不要经常在孩子面前抱怨工作多累多苦，这会给孩子留下不好的印象，影响孩子面对挫折时的态度。

2.帮助孩子找回梦想

大多数孩子对自己的未来很迷茫，那是因为他们失去了自己的梦想。心理专家介绍说，许多青少年不了解"我是谁""我的梦想是什么"，是因为他们习惯于由父母设定自己的生活，而逐渐失去了自己的梦想。

每个孩子都有一个梦想，这颗梦想的种子在心灵的土壤中等待被发现。一旦孩子确定了自己的目标，那颗种子很快就会萌芽、不断生长。对此，父母需要重新审视自己在孩子人生路上充当的角色，耐心地问孩子"你想成为什么样的人""你的梦想是什么"，从而帮助孩子找回失去的梦想。一旦孩子觉得学习是为了实现自己的梦想，那么他就不会觉得学习是无用的，也不再会感到迷茫了。

青春期的孩子容易产生厌学情绪

家长的烦恼

这些天，李先生急得到处打电话求助："听话的儿子突然变得不喜欢学习了，真不知道该怎么办才好呀？"

李先生说："开学还没几天，正在上初二的儿子放学回家脸色很难看，不再像以往那样立刻开始写家庭作业，而是一个人悄悄地躲在卧室里，半天也不出来。我也不知道他在里面干什么，就推门进去了，谁知儿子竟然躺在床上睡起了觉。对此，我随口说道：'天天就知道睡觉，赶快起来写作业！'儿子只是看了我一眼，一句话不说，我越看他越生气，忍不住走上前掀开了他的被子，儿子气冲冲地站了起来，大喊道：'写作业、写作业、天天就知道让我写作业，我不想上学了。'我一愣，儿子这是怎么啦，好像变了一个人似的，脸涨得通红通红的。我问儿子为什么这样厌恶上学，他还是一句话也不说，只是不停地重复：'我不想上学，我不想上学。'"

为了弄清楚原因，李先生主动给儿子的班主任打了电话。通过交流得知，儿子最近在课堂上的表现很糟糕，不仅上课时无精打采，还经常在课堂上看漫画书。几位科目老师也反映，他学习很吃力，不能及时消化老师所讲的内容。班主任的话给李先生敲响了"警钟"。

教育专家认为，初二年级的课程比较多，学习内容也相对增加了，学起来难度比较大，而且，初二是初中生出现两极分化的关键阶段。在这一阶段，学习成绩好的同学开始显山露水，而学习成绩比较差的学生则很容易产生厌学情绪。

在现实生活中，有的孩子一提到上学就感觉浑身难受，甚至会出现肚子疼、出汗、失眠等症状，到医院做检查却发现孩子身体没问题。这时候，父母就应该引起注意了，孩子有可能得了厌学症。厌学症是目前青少年诸多学习心理障碍中最普遍的问题，是青少年最为常见的心理问题之一。从心理学角度看，厌学症是孩子消极对待学习活动的行为反应，主要表现为认知上对学习存在偏差，情感上消极对待学习，行为上主动远离学习。有厌学症的孩子往往对学习失去兴趣，他们没有明确的学习目的，恨书、恨老师、恨学校，严重者甚至一提到上学就恶心、头昏、脾气暴躁。

引发厌学症的原因有很多，主观方面，许多孩子自身比较懒惰，怕苦怕累，总觉得学习是一件很苦很累且很乏味的事情，一看到书本就头痛，总想找机会逃避学习。有的孩子在学习上付出了很大的努力，但每次考试成绩都不理想，他们就觉得自己不是学习的料，开始厌倦学习。客观方面，校外娱乐场所，诸如电子游戏室、网吧等对孩子也会产生不良影响。有的是父母强制孩子学习，每天都沉浸在学习中，负担太重，没有时间放松，使他们对学习产生逆反心理和厌倦心理。

心理支招

1.降低对孩子的期望

父母总希望孩子考试要得第一，但是，"第一"只有一个，不是每个孩子都可以做到的。因此，父母应该正确看待考试成绩。要多与孩子交流，了解孩子学习的困难，帮助孩子制订切实可行的学习计划。倘若孩子考试发挥失常，仍然要对孩子说："你是最棒的！""你已经尽力了！"以此来帮助孩子重新树立信心。

2.让孩子体验到成功的快乐

趋乐避苦，这是人之常情。如果孩子在学习上多次摔倒，他们就体会不到成功的乐趣，自然会失去学习的兴趣。为此，父母可以给孩子制造一些机会，让孩子体验到成功的乐趣。比如，孩子英语比较差，你可以让他先做几道简单的习题，待他轻松完成并体验到学习的乐趣之后，再逐步增加习题的难度。

3.引导孩子进行积极的自我暗示

那些经常给予自己积极的心理暗示的孩子，他们往往能避免学习中的失败。对此，父母要引导孩子学会积极的自我暗示，经常对自己说一些激励的话。比如，每天早上起来，对着镜子说"我是最棒的""今天又是美好的一天"。

女孩子就应该学文科吗

家长的烦恼

一对母女走进了心理咨询室,母亲开口诉苦:"女儿一直以来就偏好文科,不喜欢理科。以前,她的理科成绩再差也能及格,但现在变得越来越差了,有时数理化三科加起来还不到60分。马上高二了,我真是急死了。"心理咨询师问:"你对女儿的偏科有什么看法呢?"母亲不以为然地说:"作为母亲,我很理解她,因为我也是学文科出身,我觉得女孩子读理科太累了,文科相对要轻松很多,将来工作也轻松。"

听了母亲的话,心理咨询师说道:"看来,是你们引导方法不当,使你女儿的偏科越来越严重。"母亲一脸茫然:"这怎么能说是我们引导错误呢?理科对于女孩子来说本就是一道难关,女生逻辑思维不行,更擅长文科。我们也是根据孩子的情况而定,难道有错吗?"

引导女儿学文科难道真的有错吗?母亲的疑问反映了大多数父母心中的困惑。在人们传统的观念中,似乎女性更多应选择教师、文秘、新闻、艺术等职业,而学理科不是很适合女性,尤其是跟体力有关的工科。在中学校园里,理科班也大多是男生,只有寥寥几个女生,女生大部分被定义为"文科生"。然而,之所以说女生"被"定义为"文科生",是因为长期受社会对于女生应学文而非理观念的影响。

一位刚上高一的女生这样说:"班主任说高中最大的难关就是数理化,而理科一直是我的弱项,这下使我更恐惧了。我还听说女生上高中后,如果理科学不好,就会导致总体成绩下降,真的是这样吗?"这位高一女生的忧虑反映了大多数青春期女孩的心理，而在这样的情况下，有些父母对于孩子也起了误导的作用，许多父母不忍心孩子吃苦，总觉得"女孩学文科就差不多了，没必要去读理科"。其实，父母的这一观念只会让女孩更害怕理科，偏科现象更严重。

一位高中物理老师在两年教学中，总结出这样一段话："我发现班里的女生物理成绩明显不如男生，这是什么原因呢？并不是高中女生变笨了，而是存在着性别差异和心理差异。从生理上看，男女生在智力相同的条件下也有不同的特点，男生的逻辑思维、抽象思维占优势，而女生擅长形象思维。像物理等理科科目需要的恰恰是逻辑思维，因此，女生在学习理科时会存在一定的困难；从心理上来说，高中女生多愁善感，情绪稳定性差，她们存在一定的自卑心理。曾有一位成绩优异的女生告诉我：'老师，我很自卑，我觉得什么都不如别人'，基于这样的心理特点，她们觉得理科更加困难，以致偏科的现象更严重。"

但是，教育专家却认为："女生更有学理科的优势，相对于男生，女生贵在能够沉下心来，记忆力好，虽然反应可能不及男生快，但只要将勤补拙，学习理科不会比男生差，尤其在准确率方面，女生甚至会高过男生。"

心理支招

1.摆正心态，引导孩子纠正偏科现象

女孩子偏文科现象严重，除了其本身的生理、心理特点，还源于父母的错误引导。对此，父母要摆正心态，引导女孩子培养对理科的兴趣，比如，父母可以告诉孩子："理科学习好了，可以帮助你掌握一项真正的本领，一项在生活中很实用的本领。"

2.让孩子学会多动手

男生逻辑思维、抽象思维更好，是因为男生比较调皮，喜欢动手拆东西，并组合新的东西。在许多化学、物理的实验课上，大多数女生都是站在一边看男生做实验，自己则只负责记录数据，这样对学习是很不利的。对此，父母要鼓励孩子，要敢于动手操作，告诉孩子："理科是一门以实验为主的学科，许多知识需要在实践中体会和掌握。"

孩子不喜欢老师，故意不好好学习

家长的烦恼

心理咨询室的老师接听了这样一个电话："我姓王，正在为女儿雯雯的事情着急。她到一所重点中学上初中之后，原本很喜欢学习、成绩也不错，可近来她英语成绩越来越差，我已经连续几次被老师请到学校去了。我在与孩子的聊天中发现，雯雯的成绩下滑和她的英语老师有关系，雯雯说，一看到英语老师就烦，根本不想听英语课、也不想写英语作业。可据我了解，那位英语老师特别负责任，是一位很优秀的老师。"

心理咨询师问道："你问过雯雯吗？她为什么不喜欢英语老师？"王先生回答说："我问她为什么不喜欢英语老师，她很生气地说：'英语测验，我错了五个单词，英语老师罚我每个单词抄写十遍；平时上课的时候，英语老师明明知道我在语法方面的知识掌握得不好，但每次有语法问题的时候，他总是故意提问我，害得我当众出糗；而且，每天都布置一大堆作业，烦都烦死了。'你说，这该怎么办呢？我该怎么改变她对老师的看法呢？"

针对这个案例，心理咨询师模拟出了这样一场亲子对话：

孩子十分生气地说："语文课听写词语，我错了六个字，语文老师就惩罚我每个词语抄写五遍，这样的惩罚太重了，我讨厌这样的老师。"父母假装很同情："只是错了几个字而已，就罚你每个词语抄写五遍，这个惩罚确实有点儿过分，假如我遇到这样的老师，我也会不喜欢他的。"孩子询问道："您读书的时候也遇到过这样的老师吗？"父母回答说："是啊，当时就觉得老师太过分了，不会的题目也要再写几遍，卷子上出错的题目，需要反复练习，许多学生都不喜欢老师,结果功课越来越差。"孩子奇怪地问:"那您对老师没意见?"父母回答说:"和你现在一样啊,对老师也不满意,但想到学习是自己的事情,如果我做得更好,老师就不会罚我了。于是,我更努力学习,才考入了大学。"

孩子不喜欢老师,"仇恨"老师是导致孩子厌学的直接原因,但是,孩子为什么会那么讨厌老师呢?有这样几种情况:有的孩子没有得到老师的重视,在课堂上很少被提问;有的孩子对某科目的学习缺乏兴趣,成绩不好,即使老师没有批评、责备他,他也不喜欢这个科目的老师;有的孩子因为纪律问题或者个别错误受到老师的批评,使得孩子滋生出"仇视"老师的心理;还有的孩子则是被老师冤枉过,但老师又没认真承认自己的错误,使得孩子耿耿于怀,心里委屈而产生怨恨情绪。

所谓"亲其师,信其道",父母要如何做才能使孩子与老师亲近起来呢?

心理支招

1.不要批评和指责孩子

如果孩子不喜欢某位老师,父母不要生硬地、直接地批评和指责孩子,而是要耐心询问孩子不喜欢老师的真实原因,同时,在倾听的过程中,父母不要急于表达自己的态度,要给孩子一个发泄、倾诉的机会。

2.对孩子进行尊师教育

了解了孩子不喜欢老师的真实原因之后,父母要对孩子进行尊师教育,告诉孩子:"老师也是人,和我们一样,难免有缺点、错误,他也是不完美的。可能老师的观点有所欠缺,可能误解了你,这是可以理解的。如果仅仅因为老师的这些缺点而不尊重他们,这就是你的不对了。因为不管怎么说,老师是长者,是值得你尊敬的。"

3.主动与老师多沟通

父母要主动与孩子的老师多沟通,向老师询问孩子在学校里的表现,获得老师的帮助和支持。同时,让老师多关心孩子,包括提问、鼓励、表扬,请老师多给孩子一些关心，比如改作业时详细一些，主动找孩子谈谈心等，促使孩子改变对老师的看法。

4.妙用激将法

老师大多喜欢那些成绩优异的学生，而对那些个性比较强的孩子，父母可以妙用激将法："老师不是不喜欢你吗，你就学好他教的课气气他。"这样，孩子成绩好了，与老师的关系自然就会好起来。

青春期孩子偏科严重怎么办

家长的烦恼

罗妈妈眉头紧皱,她讲了一件自己担忧的事:我儿子在八九岁的时候,就对乡下田地里出现的碎瓷片很感兴趣,经常捡一些回家收藏,之后还买了许多陶瓷的书籍来阅读,我们都觉得他在这方面很有天赋。

进入高中之后,他对青铜器和古文字的热爱更是到了痴迷的程度,常常一个人关在房间里看考古方面的书。可是,面对他这样的情况,我们却很担忧,因为他的语文成绩很突出,但数学和英语却相对比较弱,拖了总成绩的后腿,我真的很着急。由于受到数学成绩的限制,想考更好的大学有点儿难。我们希望孩子能把数学和英语成绩再提高一些,但孩子却说"我就喜欢考古,不喜欢数学和英语"。对此,我真不知道该怎么办。现在模拟测试成绩出来了,由于数学和英语的牵绊,孩子的分数离一本大学还有很大一段的距离,恐怕他是空有一技之长,也是深造无门哪。

孩子偏科的现象是普遍存在的。有数据显示,大约有21%的小学生有偏科现象,到了高中,偏科学生的比例达80%。对此,教育专家提醒,孩子偏科的问题越早发现越好,只要找到孩子弱势科目产生的原因,再加上父母的正确引导,就可以避免偏科。

造成孩子偏科的原因是多方面的:首先是孩子的心理因素,由于父母过多的表扬和无意识的暗示,使孩子产生了认识偏差,认为自己只要某科学得好就可以,别的都不重要。在青春期,由于个体差异,有的孩子在逻辑和抽象思维方面没有形象思维发展快,会出现偏科现象;其次,孩子在学习过程中没能把每科知识点细化，一旦学习内容有难度，孩子就会逐步失去对该学科的兴趣；最后，孩子不能跟随老师学习，不能理解老师所讲述的知识点，不能完成作业，这些都有可能造成偏科。

心理支招

1.不要给孩子偏科的心理暗示

许多父母在发现孩子偏科的时候，会忍不住说"啊，英语确实太难了""我以前读书时也是写不好作文"，如此，就会给孩子偏科的心理暗示。可能有的父母只是想给孩子一点儿鼓励，告诉孩子自己曾经也遇到过这样的困难。但是对于孩子来说，这样的话很可能给孩子带来的是偏科的心理认同，暗示孩子"偏科确实没办法纠正"，将加重孩子的偏科程度。

2.对待孩子偏科现象要摆正态度

父母对孩子偏科是什么态度？调查数据显示，有20.93%的父母选择了"几乎完全不能接受，孩子一定要全面发展"，58.14%的父母选择"一定程度上可以接受，甚至有的还鼓励孩子偏科"，其余的父母则选择了"任凭孩子自由发展"。心理学家认为，父母持有的观念，决定着纠正孩子偏科的效果和作用。

3.培养孩子对弱势学科的兴趣

"兴趣是最好的老师"，有的孩子偏科就是对该学科缺乏兴趣，父母应想办法培养孩子对弱势学科的兴趣，多给孩子讲学科知识在现实生活中应用的事例，让孩子从心理上自觉消除厌恶感和抵触感。

另外，父母可以找孩子偏弱学科的老师多沟通，请老师鼓励孩子学好这门功课。如果老师能细致地关心孩子，帮助孩子，那么一定会达到"润物细无声"的效果。

总感觉老师不重视自己，学习成绩下降

家长的烦恼

课间休息的时候，几位学生坐在体育场上聊天。一位戴眼镜的男生说："我越来越觉得读书没意思了，好像每个老师都不喜欢我。"另一位学生接着说："你不知道吗？老师都喜欢成绩优异的学生，上课时只关注他们，下课后还给他们开小灶，像我们这样的中等生，老师看都不会看一眼。""就是啊，课堂提问的时候，我每次都把手举得很高，但是老师完全当我是透明的，照常让成绩好的同学起来回答问题。"另一个孩子更是十分沮丧。

晚上，戴眼镜的男生在日记本上写下了这样一段话："老师不喜欢我，因为我每次考试都在八十分以下；老师不喜欢我，因为我写的字没有班长的好；老师不喜欢我，因为我的阅读量没有张杰的高；老师不喜欢我，因为我的成绩没有蒋智那么好；老师不喜欢我，因为我没被选上小队长；老师不喜欢我，因为我太笨了，没有王川聪明；老师不喜欢我，因为我的作文没有张丽写得好；老师不喜欢我，所以总是批评我。既然老师不喜欢我，我上学又有什么意思呢。"

父亲看到孩子的日记，陷入了沉思。

老师真的只喜欢学习成绩好的孩子吗？案例中孩子所列举出来的不被老师喜欢的理由是牵强的。有可能只是孩子不能接受老师的批评而滋生出来的厌学情绪，让他误认为是老师不喜欢自己的原因。孩子在求学生涯中，若遇到赏识自己的老师，那是一件幸运的事情。如果遇到了不那么赏识自己的老师，这也是正常的。"在学校要听老师的话，不然老师就不喜欢你了"，这是许多父母对孩子的叮咛。然而，令许多父母没有想到的是，这句话却成为不少孩子的心病。"老师喜欢我"，渐渐地成了孩子上学的动力；而"老师不喜欢我"，则成了不少孩子害怕上学的理由。

有心理专家指出："有的父母认为孩子怕老师是件好事情，这种想法是错误的。一般来说，孩子惧怕老师是因为不能忍受巨大的心理落差。这些家庭中的小太阳，感到自己在集体中不被重视，就认为老师对自己的态度冷淡，或者不能接受老师的批评而产生抵触情绪。"面对孩子这样的情况，父母该如何教育呢？

心理支招

1.与老师多沟通

对于父母来说，应该主动与老师多沟通，及时地了解孩子在学校的情况，同时，将孩子在家里的学习情况告诉老师。如此沟通，有助于老师和家长更好地了解和帮助孩子，这对于共同教育孩子、避免孩子对老师产生抵触情绪是十分重要的。

2.与孩子说说知心话

如果父母发现孩子对老师有了厌恶、抵触的情绪，不要随便就责怪孩子，或是批评孩子，而是要与孩子交心，积极给孩子创造一个宽松、自由发表意见的氛围。耐心询问孩子"为什么你不喜欢老师呢？"让孩子说出自己内心的真实想法，从而有的放矢地对孩子进行心理疏导。

3.引导孩子换位思考

如果发现孩子有厌恶老师的抵触情绪，父母要耐心地教育孩子进行换位思考，引导孩子站在老师的立场上想问题，让孩子体谅老师的难处，从而有效改善师生关系，减轻或避免孩子对老师的厌恶、抵触情绪。

第2章

织"网"的青春,帮助孩子走出网络泥潭

现代社会,网络已经普及,走进寻常百姓的家。网络尤其受到了许多青春期孩子的喜欢,他们可以在网络上聊天、玩游戏、看电影、交朋友、购物,在孩子们看来,网络是一个全新的世界,也是一个具有诱惑力的神秘世界。

引导孩子转向其他的兴趣

家长的烦恼

李妈妈向心理医生讲述了女儿的情况："我女儿是初三年级的学生,今年15岁,迷恋上网看科幻小说已经两年了。她从小就比较腼腆,说话细声细气,不喜欢参加班里的集体活动。她最喜欢的事就是看科幻小说,是一个典型的《哈利·波特》迷,只要有新版书籍发行,肯定要在第一时间买一本,还要观看相关的影片。最近,她又迷上了玄幻小说和魔幻小说,说起《小兵新传》《幻城》《魔戒》等小说,她就神采飞扬,滔滔不绝,还称自己是'新新人类'。如果我说看那些小说没什么好处,她还会嘲笑我不知道玄幻小说、魔幻小说等流行词,而跟她说到学习,她就紧皱眉头,一脸的无奈。"

心理医生询问道:"我想,你女儿的作文应该写得不错吧。"李妈妈点点头,回答说:"是的,她比较喜欢文科,语文成绩好一些。"心理医生继续说:"其实,你女儿也是有特长的,既然她的作文写得好,那么,你们就要从她的特长入手,转移她的注意力,这样,她的网瘾就会减轻了。"

青少年长期沉迷于上网,不仅会造成孩子角色混乱、道德感弱化、人格异化,使孩子学习受挫,还会损害身心健康,导致其心理异常与精神障碍,甚至会引发一些社会问题。

网瘾是指青少年对网络有一种莫名的激情,而这种激情到了痴迷的状态。许多网瘾少年表示"虽然我知道经常上网会影响我的学习和生活,但是我已经离不开网络了,只要看见电脑,我就手痒,忍不住想去玩游戏、聊天""对网络的迷恋就好像上瘾,怎么也戒不掉了"。其实,不少网瘾少年也有戒掉网瘾

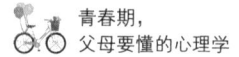

的想法，但是，每每到了关键时刻，他们却按捺不住内心的欲望。

为什么会这样呢？

处于青春期的孩子，他们的生理、心理尚未发育成熟。虽然面对一些事情他们已经能够冷静地思考，但是他们的自控力还远不如成年人。比如，有网瘾的成年人会自觉地想到自己还有工作要做，就会果断地关掉电脑。但青少年没有那么强的自控力，在网络的诱惑下，他们只会弃械投降。

除此之外，许多痴迷于网络的孩子之所以眼里只有网络，觉得没有什么东西比网络更有吸引力，是因为只有在网络里，他们才会得到一种心理满足感，体会到成就感。其实，这样的孩子可能成绩比较差、人际关系不怎么样、父母也不关心自己，但正是这些挫败感导致他们甘愿走向虚拟的世界。

心理专家认为，当一个人沉迷于某一件事情而无法自拔的时候，如果这时出现了另一件更有趣的事情，那么，他就会分散注意力。当他开始喜欢那件有趣的事情，并发现它更有意思时，就会脱离之前那件让他沉迷的事情。其实，对于孩子网瘾的问题，父母可以采取一些措施，转移孩子的注意力。

心理支招

1.挖掘孩子的特长，激发其潜能

许多孩子在学习上屡屡挫败，这让他觉得自己很没用，进而将注意力集中到网络世界中。对这样的孩子，父母要善于去发现孩子的特长，激发孩子的潜能。比如，孩子的作文写得不错，就鼓励他多参加文学活动。一旦他在活动中获得了成功，就会大大增强他的自信心。

2.培养孩子的兴趣爱好

发现孩子沉迷网络之后，你不妨巧妙地引导孩子将注意力转向他的兴趣爱好。比如，孩子以前就喜欢画画，你不妨告诉孩子："你不是最喜欢画画吗？我听说一位著名画家在城东开了画展，明天妈妈陪你一起去看，好不好？"有意识、有目的地培养孩子的兴趣爱好，可以转移其注意力。

3.鼓励孩子多参加健康的娱乐活动

孩子天天面对着电脑，他的精神和心理都处于一种麻木的状态。这时，父母可以采取一些措施来转移孩子的注意力，如邀请孩子一起去郊外走走，散散心，让孩子呼吸新鲜空气，感受大自然的魅力，领悟生活的美好。此外，父母还可以鼓励孩子多参加健康的娱乐活动，比如打球、做游戏等。

指导孩子借助网络进行学习

家长的烦恼

小磊原来是一个听话乖巧的孩子,学习成绩也不错。升入初中后,因为需要借助网络查资料,所以父母就在家里安装了宽带,以方便小磊上网。

小磊接触网络之后,就像找到新大陆一样新奇。他一有时间就上网,渐渐地查资料的次数越来越少,看动漫、玩游戏的时间却越来越长了。一个学期之后,小磊的视力下降得很厉害,学习成绩严重下滑,精神状态也远不如以前。

其实,网络对青春期的孩子是有积极影响的。青少年可以利用网络学习更多的知识,了解一些现代高科技知识,还可以开阔视野和智力,促进知识的拓展,弥补一些传统教育方式的不足。

网络信息量很大,信息交流的速度也相当快。青少年可以通过网络满足自己的需求,浏览来自世界各地的新闻信息,收获一些书本上没有的知识。正是这样一个知识储备量极大的平台,拓宽了青少年的学习领域,极大地开阔了青少年的视野,给青少年的学习、生活带来了许多便利和乐趣。

网络是一个虚拟的世界,在这个世界里,每一个人都能不受空间的限制,与一些相识或不相识的人进行联系和交流,谈论一些共同的话题。由于网络的虚拟性,避免了直接交流时带来的摩擦与伤害,可谓是一个崭新的交流场所。同时,青少年可以借助网络的互动性,通过网上聊天等方式广交朋友,参与社会问题的讨论。

另外,网络还可以促进青少年个性化发展,拓展青少年教育的空间,对青少年心理发展与健康有着积极影响。

总而言之，网络对青少年的影响是利大于弊的。但是，父母也千万不能忽视网络的消极影响。要引导孩子正确使用网络，使网络成为孩子学习上的帮手，生活中的伙伴。

心理支招

1.父母做好表率

父母应该及时学习并了解电脑、网络的一般常识，和孩子一起感受网络带来的便利与快捷。如果你什么都不懂的话，就没办法正确引导孩子了。而且，父母应该做好表率，如果父母沉迷于网络游戏、网络聊天等活动，孩子便会效仿。

2.父母积极做好引导工作

父母的引导作用体现在"事前"和"事后"两个方面。在孩子接触电脑之前，父母应该提前将一些上网、学习和做人的道理讲给孩子，让他遇到问题时有解决的办法；在孩子接触电脑和网络之后，父母要多观察、多检查，并积极与孩子沟通，发现问题及时采取措施，不要等孩子产生网瘾之后再解决，这时大多为时已晚。

3.引导孩子浏览绿色网站

在网上漫无目的地闲逛很容易吞噬孩子的时间和意志，作为父母，不能放任孩子无规律、无目的地在网上打发时间，而是要帮孩子树立良好的上网习惯，提高学习效率，比如引导孩子浏览绿色网站，通过网络技术，学习到更多的新知识。

孩子深陷网络游戏不能自已怎么办

家长的烦恼

几位家长坐在心理咨询室里，聊起了孩子沉迷于网络游戏的话题。

邓妈妈说："孩子高考之后彻底放松，曾连续上网10小时，天天待在家里玩网络游戏，不运动、不休息，我真担心他会玩上瘾而影响身体健康。"

黎先生满脸愁云地说："我们家的一对双胞胎，高考后放假在家迷上了打游戏。前几天他们兄弟俩为争电脑玩网络游戏居然大打出手，看到他们为玩游戏而伤了兄弟情，我非常生气，一怒之下扯下了键盘。以前他们只是利用周末玩玩放松一下，还可以理解，现在放假了就变本加厉地玩，我有时真想揍他们。"

坐在一边的杨女士也有同样的烦恼，她说："儿子现在正在读初二，就有玩网络游戏上瘾的倾向。前段时间，沉迷游戏的他提出了不愿意上学，我当时十分生气，便把网线撤了，结果，孩子待在家里任凭我们打骂，就是不愿意上学，我实在是没辙了。"

那么，对于网络游戏，孩子们是怎么看待的呢？

不少男孩子表示："终于结束了紧张的考试，可以无忧无虑地玩游戏了。"王同学介绍说："我们班里27位男生，大部分都会打网络游戏，但他们平时是做完作业之后才会玩，还有些玩游戏的同学学习成绩也特别好，平时也不怎么见他们上瘾。但是，如果假期没人监管，那就很难说了。"一位高三的学生说："高考后终于能放松下来，我突然就不知道该干什么了。于是在网上打起了游戏，现在每天上网超过10小时，过着昏天黑地的日子。"

另外，有的游戏带有暴力、血腥、色情等因素。有的孩子还在游戏中买武器、装备、道具，他说："只有装备好才能打赢别人。"对此，教育专家表示，经常接触暴力游戏的孩子容易染上一定的暴力倾向。

其实，青少年之所以沉迷网络游戏，大多数是为了满足某种心理需求。青春期的孩子有许多的心理需求，但有些需求在现实中很难得到满足，需要付出艰苦的努力。而在网络这个虚拟世界里，他们却能不费吹灰之力地得到满足。此外，玩网络游戏，更容易获得情感的刺激，每通过一关，那种欣喜若狂的感受比在现实中要快乐得多。这种感觉会强化孩子参与网络游戏的行为，使他们沉迷其中不能自拔。

心理支招

1.孩子沉迷网游，父母劝导要有耐心

许多父母在向心理医生求助的时候，都会说"孩子玩网络游戏已经几年了"，试想，几年时间养成的习惯，会在几个月或者几天就改掉吗？作为父母，要想挽救那些对网络游戏着迷的孩子，一定要有足够的耐心，简单、粗暴的方法易使孩子产生逆反心理。

2.用亲情感化孩子

在家里，父母要给孩子提供一个温暖、宽松、民主的环境，让孩子感受到亲情的温暖。对待孩子，要多鼓励，少责备。这样，孩子就不会因为父母的批评而难受，不用为实现不了父母的愿望而担心。当孩子感受到家的温暖和民主自由时，他就会渐渐地远离网络游戏。

青春期孩子容易沉迷网络

家长的烦恼

一位苦恼的家长讲述了儿子沉迷网络的事情：

我儿子今年16岁，在一所重点中学读书。本来他成绩不错，学习也不用我们操心。可自从上了初三之后，孩子就渐渐地迷恋上网络，从此一发不可收拾。有时候，为了不让孩子去网吧玩，我们就拒绝给他钱，以为这样他就没办法去网吧了，谁知他竟然偷偷地从我们钱包里拿钱去网吧。后来，甚至发展到夜不归宿的地步，每天沉迷于各种网络游戏的快乐之中。他的成绩也从一开始的中上水平降到全班倒数几名。我和他爸爸平时都忙于工作，几乎没有时间管他，等发现的时候，才意识到为时已晚。为了不让孩子继续沉迷下去，我们还放下工作，好几次深夜走遍小区周围的网吧寻找孩子。

看到孩子这样的情况，我很不甘心。我也曾多次向相关部门投诉网吧接纳未成年人的问题，也惩罚过孩子，却还是制止不了儿子偷偷去上网。我很纳闷，网络到底有多大的诱惑力，能把孩子害成这样？

随着互联网的普及和上网人数的增加，因过度沉迷网络而造成的网络成瘾现象引起了社会的广泛关注，而其中，青春期孩子的网络成瘾问题尤为引人关注。由于孩子过度沉迷网络，导致学习成绩下降、行为异常，甚至出现各种心理障碍。青少年网络成瘾主要有以下几方面的原因：

1.缺乏表达情感的场所

情感表达是青少年的一个重要的心理需求，通过网上聊天，可以使他们隐藏在内心深处的需要得到满足。而且与网友交流，也让他们得到了情感交流、尊重和满足感，让他们不再感到孤独寂寞。

2.寻找心理宣泄的工具

随着学习竞争的日益激烈，老师、父母对孩子的学习成绩要求越来越高。青少年在这样的情况下承受着巨大的心理压力，许多孩子因为学习不顺利、人际关系紧张等，内心长期感到不安。而网络具有的隐匿性的特点，给孩子们适时转移、倾诉和宣泄自己的不良情绪提供了机会和场所。上网逐渐成了孩子们释放心理压力、松弛身心的一种方式。

3.追求自我价值感

社会心理学家认为，为了使自己的人生具有价值，为了获得明确的自我价值感，我们需要了解别人，需要通过别人来了解自己，需要爱与被爱，需要归属和依赖，需要有机会显示自己的优越性和展现自己的优点。许多孩子对自我价值感到不满足，而网络这个虚拟世界为满足他们的自我价值感提供了机会和平台。

4.娱乐天地

网络被称为继报刊、广播和电视之后的第四媒体，它集文本、声音、图像、动画等形式于一体，孩子们可以在网上参加游戏、聊天、听音乐、看电影、读书等。网络的特点正好与青少年的好奇心、喜欢刺激、对新事物接受迅速、强烈的求知欲的心理特征相符合。

研究发现，这样的青少年容易产生"网瘾"，因为他们感觉学习很困难，体会不到学习的乐趣，而上网打游戏可以获得虚拟的奖励，从而宣泄学习上遇到的挫折所带来的压抑；有的孩子人际关系比较差，他们希望通过上网来逃避现实；有的孩子则是由于父母的误导，许多父母只知道限制孩子上网，而不懂得如何转移孩子对上网的注意力。有网瘾的孩子大多有性格内向、人格缺陷、猜忌心强、小心眼儿、自私等性格特征。

心理支招

父母应该认真分析孩子沉迷网络的原因,结合孩子的心理特点,采取适当的措施:

1.多与孩子沟通,注意沟通方式

许多父母与孩子沟通时,总是居高临下。这就导致有时即使你说得对,孩子还是很反感。因此,父母应该从孩子的特点出发,像朋友一样与孩子平等地沟通,鼓励孩子多参加集体活动和社会活动,引导孩子把精力和注意力放在学习上,以淡化网络对孩子的吸引力。

2.多关心孩子

大多数孩子沉迷网络是因为感觉自己受冷落了。许多父母忙于工作、忙于挣钱,忽视了对孩子身心的照顾,使孩子深陷网络的泥潭。对此,父母要多关心孩子,帮助孩子解决思想上的困惑,引导孩子正确认识和使用网络,使网络成为孩子健康成长的助推器。

帮助孩子以健康的方式戒掉"网瘾"

家长的烦恼

杨爸爸讲述了自己帮助儿子戒除网瘾的经历：

我儿子是上高中时陷入网瘾的，他看到同学玩游戏，慢慢地自己也开始玩了起来，特别是高考结束后两个月没什么事情可以做，更是玩得欲罢不能。

儿子的竞争心理很强，在游戏中总想比别人强。为了游戏升级，他便花钱充了游戏卡，还找开发商买游戏道具、装备。我也监管过，但效果不好，有时管得太严了，他就去同学家玩，或者花钱到网吧玩，甚至会玩通宵。

后来我多次找儿子聊天，了解了他玩游戏的一些心理。为了帮助儿子戒掉网瘾，我和儿子达成口头协议，每天只允许玩两小时。后来他上了大学，我鼓励他参加校园里的课外活动，为此，他爱上了打乒乓球。在我的支持下，他还和同学合伙在网上开了一个卖球鞋的网店。他接触到了比玩网络游戏更有意思的事情，注意力开始慢慢转移了。现在，他再玩游戏的时候，已经不会那么上瘾了，而且只玩一些益智类的体育游戏。

网络是社会进步的象征，它渐渐地成为孩子们获取信息、学习知识、交流思想、休闲娱乐的重要平台。但是，由于网络环境错综复杂，信息良莠不齐，而处于青春期的孩子涉世未深，阅历尚浅，识别能力较差，自控能力偏弱，很容易染上网瘾。

那么，如何判断孩子染上了网瘾呢？

一是从上网时间看，如果孩子每天上网，或是每周上网累计超过二十小时，就说明有了网瘾；二是从孩子的行为表现看，有网瘾的孩子眼神是空洞的、冷漠的。上网成瘾后，孩子的性格和心理都会发生很大的变化，比如对周围发生的事情没有反应，对任何事情都不感兴趣，生活空虚，没有目标等。

心理支招

1.加强掌控，让孩子在家上网

现代社会是一个信息社会，如果家里不安装宽带或要求孩子不上网是很不现实的。而不限时的宽带对孩子没有约束力，会给孩子上网成瘾创造条件。因此，父母可以与孩子商量：一是在家上网，不允许孩子到网吧去玩；二是使用包月限时宽带，控制孩子上网时间和次数；三是协商好上网的时间，到了规定的时间，父母要提醒，并监督孩子关闭网络。

2.鼓励孩子多参加一些有益于身心健康的活动

父母可以鼓励孩子多参加一些有益于身心健康的活动，比如体育运动、摄影、艺术类活动等，他们如果能感受到生活中的亲情、友情，接触到更有趣，更有意义的事情，就不会沉迷于虚拟的网络世界了。这种替代法对孩子戒掉网瘾有一定的效果。

让孩子试着亲近自然

家长的烦恼

一位母亲讲述了自己帮助孩子戒掉网瘾的事例：

我儿子迷上的是"农场游戏"。这个简单的游戏，他玩得不亦乐乎，几乎到了废寝忘食的地步。一有空他就泡在网上偷菜，为了防止自己的菜在夜里被人偷，他还设置了闹铃，凌晨三点钟起来收菜。平时上学的时候，他也会哀求我允许他带上手机，就是为了玩"农场游戏"。

我觉得儿子这样的状态已经比较严重了，我该怎么样帮助他呢？为此，我在网上查阅了不少资料，发现现在的"农场游戏"不仅仅在网上，它已经出现在现实生活中了。许多农场建在郊区，周末或节假日，有许多城里人到自己承包的土地上亲自参与种菜、收菜。我觉得这是一个帮助孩子戒掉网瘾的好办法，便对儿子讲了，他也觉得很新奇，答应周末与我一起去体验实实在在的农场。

从这以后，儿子爱上了去真实的农场种菜、收菜、做饭的过程，我们几乎每个周末都去，他也渐渐地远离了网络"农场游戏"。

教育专家称，全球约有几千万名网民患有不同程度的互联网成瘾综合症，年龄主要介于15~45岁。网瘾是一种心理疾病，它是长期迷恋网络导致的，要克服它对于孩子们来说确实是一件难事，这需要家长的正确引导和耐心帮助。

案例中的母亲带领孩子参加真实的农场劳动，孩子自然会觉得现实生活中的活动更真实、更直观、更有吸引力，就不再迷恋网络游戏了，这样的方法值得其他家长学习和借鉴。

心理支招

1.鼓励孩子参加一些社会实践活动

在每个暑假或寒假，学校都会组织一些社会实践活动，但许多父母怕孩子吃苦受累，不愿意让孩子参加。其实，父母应该鼓励孩子多参加一些社会实践活动，引导孩子将对网络的注意力转移到实践活动中去，让孩子在社会实践活动中更好地了解社会，弥补社会知识的不足。

2.让孩子多体验现实生活

在假期或节假日的时候，有条件的父母可以带着孩子去农村、敬老院、科技馆等处体验生活，或教孩子做一些身体力行的家务劳动，比如做饭、扫地。父母还可以给孩子报名参加夏令营活动，达到让孩子体验生活的目的。

第3章

风雨的青春，提高孩子的心理承受能力

竞争存在于每个人生活、工作、学习的方方面面，处于青春期的孩子也不例外，而能否有健康的竞争心理，对他们有非常重要的影响。作为孩子的第一任老师，父母在培养孩子健康的竞争心态上也起着极为重要的作用。首先，我们要让孩子认识到竞争的重要性；其次，我们要让孩子明白，竞争不应是狭隘的、自私的，而应具有广阔的胸怀；最后，父母要正确看待孩子的竞争结果，使孩子顺利、健康、快乐地度过自己人生中的特殊时期！

在孩子失败时给予适当的鼓励

家长的烦恼

马女士在国外工作,她的女儿莉莉一直住在外婆家。莉莉上初中后,马女士意识到孩子的教育是重要问题,就回国了。两年来,母女俩相处得还不错,可是莉莉似乎总是对母亲有些胆怯。最近,马女士准备让莉莉参加全国小提琴大赛,当她问女儿有什么想法时,女儿回答:"妈妈,我不想参加。"

"能告诉我原因吗?"

"没什么,就是不想参加。"莉莉的回答让马女士很不高兴。

"为什么?你还好意思问,你回来这两年,孩子一点儿都不高兴,无论是考试,还是大大小小的比赛,只要莉莉发挥得不好,你就责怪她。要知道,她已经15岁了,是有自尊心的。我只知道我那个活泼、自信、开朗的外孙女已经不见了,这孩子现在一点儿自信都没有,还怎么参加小提琴大赛?"莉莉的外婆生气地说了这一番话,马女士才恍然大悟。

的确,作为父母的我们不妨思索一下,很多时候,我们的孩子为什么没有自信、不敢参与竞争?为什么怕失败?乍一看,这个问题似乎应该由孩子来回答,但实际上却应该由父母回答。因为当我们的孩子第一次参与竞争时,他意气风发,斗志昂扬,可我们却对孩子说:"别的同学都在努力复习,你怎么不看书?"而父母这样就是不相信孩子的表现。其实,每一次参加竞争活动孩子都比大人有大将风度,他们关注的是这个过程是否有趣,这个舞台是否热闹,对于结果则不会太在意。因此,不是孩子怕失败,而是我们家长怕失败。每当孩子失败时,我们都会心情低落,并把这些不良情绪发泄在孩子身上:"真是

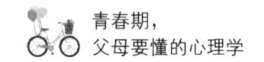

太让我失望了！""你就不能给我争一次气？"

在很多比赛中，我们可以看到，孩子获得了成功，家长会极力奖励孩子，有语言上的赞美、肢体上的亲密、物质上的奖励等，如果孩子输了，家长往往会保持沉默，有的甚至会打骂孩子。这种对待输赢的态度直接加剧了孩子消极情绪的积累，加剧了孩子害怕失败的心理。要知道，父母在孩子的生活、学习中占据着重要位置，父母对孩子成败的看法也直接影响着孩子对待输赢的态度，一旦父母过于关注结果，就会直接增加孩子怕输的心理。因为青春期的孩子，已经有了明显的自我意识，更在意父母对自己的看法。面对失败，作为参与者的他们已经很沮丧了，如果父母再加以批评与打压，那就会挫伤孩子的信心，甚至让孩子完全丧失自信和勇气。

那么，如果孩子遭遇了失败，我们该怎么做呢？

心理支招

1.检查自己的价值观念

家长反思一下自己，当孩子在比赛中失利了，你是否觉得很没面子？是否觉得孩子不够聪明？事实上，孩子对自己的评价很多时候是来自家长的。如果一个孩子认为自己的父母只在乎他的成绩和比赛结果，那么，一旦失败，他们便会产生消极、悲观的思想。所以，即使孩子这次失败了，家长也不应该用那些消极的语言打击他。相反，你要鼓励他再接再厉，相信他下次会成功。

2.不要随意惩罚孩子

打骂会对孩子的心理造成伤害吗？答案是：当然！我们不能把自己对孩子失败的消沉情绪发泄在孩子身上，更不能当着外人的面打骂、嘲笑或挖苦孩子。家长要时刻牢记，自己是孩子最坚强的后盾，应该始终给予孩子坚强而又温暖的拥抱，如果以恶劣的态度对待孩子，一来会激发孩子的逆反心理，二来会打击孩子脆弱的心灵，有的孩子还会怀疑家长是否真的爱他。

很多家长都有这样的经历，因为一时气愤打骂了孩子，过后又心疼后悔，想方设法补偿。说实话,这一系列行为对孩子的成长没有任何意义,孩子不会因为粗鲁的打骂便愈加努力,相反,他们会感到委屈和伤心,自信心也受到打击,甚至有可能一蹶不振。

总之,作为父母,如果你希望孩子能坦然面对失败,勇敢面对挫折,那么首先就要端正自己的态度,即在孩子失败时也要给予适当的鼓励和安慰,而非批评、指责或拳脚相加。

引导孩子正确看待别人的成功

家长的烦恼

一年一度的学校年度表彰大会召开了,很多家长如期而至,陈女士也是其中一位,因为她的女儿阳阳是这次受表彰的学生之一。令陈女士感到高兴的是,女儿在同学中是个佼佼者,这次,在她的这些好朋友中,女儿也是唯一的受表彰者。但陈女士又有些担心,女儿的这些朋友会不会因此而不高兴呢?然而,在听到这段对话后,她心里的一块石头落地了:

阳阳问同桌的莉莉:"你不讨厌我吗?"

"我为什么要讨厌你?你是我最好的朋友啊。"

"我的意思是,你应该讨厌我,我拿奖的那一刻,我都怕会失去你们这些朋友。"

"你认为我是那样的人吗?我心胸宽广,那种小肚鸡肠的嫉妒心理我是没有的,放心吧。你拿奖,受表彰,我应该替你高兴嘛,我的朋友优秀,我心里也高兴得不得了。"

听完莉莉的话,菲菲也笑着说:"真正的朋友就是有福同享,有难同当,你的荣誉就是我们的荣誉嘛,今天晚上阿姨肯定会做大餐,我们都有口福了。"大家都笑了。

在领奖台上,阳阳说:"感谢我的老师、爸爸妈妈,还有我的好朋友,我非常感谢他们的理解,我们要一起努力……"

晚上,陈女士准备好了庆功的晚宴,看着这些可爱的丫头们,她感到很欣慰。

我们每个人都有朋友圈,有时会不自觉地与他人作比较,免不了有羡慕、崇拜、奋力追赶的心情，这是上进心的表现。但有时也会产生羞愧、消沉、怨恨等不愉快的情绪，这就是人的嫉妒心理。

青春期的孩子都喜欢交朋友，但友谊最大的威胁就是嫉妒，因为在同龄的孩子之间，往往免不了竞争。很多孩子在面对比自己优秀、比自己成功的朋友时，往往会产生心理不平衡，"和她做朋友，感觉自己像个小丑一样，我简直就是她的附属品"，这种心理很多孩子都有过。

作为孩子的第一任老师，父母在培养孩子健康的竞争心态上起着极为重要的作用。父母要让孩子明白，竞争不应是狭隘的、自私的，面对竞争应具有广阔的胸怀；竞争不应是阴险狡诈、暗中算计人，朋友之间应互相帮助、齐头并进，以实力超越；竞争不排斥协作，没有良好的协作精神和集体信念，单枪匹马的强者是孤独的，也是不易成功的。

心理支招

1.引导孩子发现别人的长处和不足

如果我们的孩子能以宽容的心态面对比自己优秀的朋友或者同学，不仅能学会用客观的眼光看自己和对方，弥补自己的不足，不会为一点儿小事钻牛角尖，还能交到帮助自己、与自己一起成长的真正的朋友。

2.教育孩子在竞争中学会宽容

有一些孩子在竞争中失败了，就会表现得不高兴，始终闷闷不乐，甚至憎恨胜利者、嫉妒胜利者，不与胜利者交往，并在其背后说坏话等。孩子有这样的表现，说明他们还不成熟，还不能以健康、积极的心态面对成败。对此，父母在教育孩子的时候，重在提高孩子的道德水平，引导孩子正确面对竞争中的得失，让孩子明白竞争不应该是狭隘的、自私的，而是宽容的、大度的。

3.教孩子在竞争中合作

竞争愈是激烈，合作就愈是重要，因为个人的力量总是渺小的。要让孩子认识到：只有竞争没有合作，只会变得孤立无援，导致同学关系紧张，给自己平添许多烦恼，对生活和事业都非常不利。培养孩子的竞争能力，就要让孩子明白，只有与嫉妒告别，懂得在竞争中合作，才有可能获得最后的胜利，取得优秀成绩。嫉妒心理是人与人相处、人与人竞争中存在的一种阴暗心理，危害性很大。因此，我们在培养孩子的竞争意识的同时，更要注意培养孩子的竞争美德，让孩子学会在竞争中合作。

帮助孩子正确面对无处不在的竞争

家长的烦恼

一天晚上,正在忙着给孩子辅导功课的夏太太接到朋友电话,原来是喊她出门,夏太太便说自己忙,准备推辞,没想到,15岁的儿子说:"妈,你去吧,我自己可以一个人学习。"

"那怎么行呢?再过两个月你就要中考了,可不能松懈,难不成你想在初三再读一年?"

"说实话,妈,我不想参加中考,我真想再读一年,至少有些底气。"儿子一点儿也没开玩笑的意思,夏太太意识到,孩子升学考试压力大,想退缩了,但中考还是必须得参加啊,即使再读一年,明年还是必须面对。

"孩子,你可别跟妈开玩笑,妈知道你担心自己考不好,但你要对自己有信心。我前几天找过你们老师,他说你的基础很好,没问题的。"

"可是我还是怕,万一考不好,我这一年的努力就都白费了。"儿子担忧地说。

"我知道,可是你如果不参加的话,又怎么证明你这一年的努力呢?实际上,每个人的一生都需要面对很多的竞争,有升学的,有就业的,还有升迁的。我们只有勇敢面对、迎难而上,才能让自己变得更加强大,变得无所畏惧。你是男孩子,更要经得起各种考验。"

"妈,我知道了,我会继续努力的,不会轻易说放弃……"

案例中的夏太太说得对,任何一个青春期的孩子,在充满竞争的社会大环境中,必然要为进入好的学校、参加各类竞赛活动而和同伴展开竞争,面对这些竞争，如果我们的孩子不能做到勇敢面对，那么，竞争还未开始，就已经宣布他们失败了，未来在充满竞争的社会中又该如何生存呢？现在的父母已充分意识到了这点，便开始提前强调孩子的应战能力，补课、补品……使孩子应接不暇。可对于一个孩子来讲，到底什么才是最有竞争力的呢？心理学家给出了答案：自信、勇敢。

那么，我们该如何让孩子敢于直面竞争呢？

心理支招

1.转变观念，鼓励竞争

过去我们常以"听话""乖"作为评价好孩子的标准，其实，这样的孩子对问题缺乏个性见解，对压力无力抗争。从孩子未来的生存发展来看，父母应从小培养孩子独立自主的意识、坚强的意志，敢想、敢说、敢干，以及勇于迎接挑战、挫折与艰辛的精神，鼓励孩子勇敢地走出教室，走出家庭和社区，融入社会，体验生活，体验竞争。

2.帮助孩子客观地评价自我

孩子不敢直面竞争，大多是认为自己"做不到""不行"，因而产生深深的"自卑"。这会使孩子看不到真正的自己，看不到确切的"差"与存在的"好"。父母有必要帮助孩子拨开迷雾，让孩子仔细地看清自己：

（1）让孩子找出自己的"优点"：让孩子尽可能说出自己的"行"，这是一种自我肯定。如果他无法说出或说得很少，那么我们就和他一起来想，想得越充分、越全面就越好。

（2）让孩子看到自己的"不足"：如果实在找不到的话，我们也可以补充。

（3）比较"优点"与"不足"：看看孩子"不足"的主要来源是什么，对于"优点"要继续发扬，鼓励他们扬长避短。

3.帮助孩子做自我"调整"，让孩子不断进步

鼓励孩子积极地调整了"不足"的心态后，不妨让孩子学会自己这样做：

（1）对自己的要求再严一点儿：让孩子意识到，假如我能提前十分钟起床，那么我就可以多读一遍课文了；假如我能够在做这些习题的时候认真点儿，那么错误就能再少一点儿。

　　（2）将自己的行动记录下来：如今天做完这些习题，花了多少时间；这周为体操比赛花了多少时间……

　　（3）必要的反馈与奖励：如果孩子已经努力地做到了，如果你承诺给孩子什么奖励，那么就一定要做到。

　　总之，为人父母必须记住一点：只有父母的信任才可能换来孩子的自信，只有父母的鼓励才能换来孩子的勇敢！

如何增强孩子的抗压与抗挫折能力

家长的烦恼

据媒体报道,湖北省荆州市一名女中学生,学习成绩很好,喜欢帮助同学,人缘关系也不错,老师和同学都很喜欢她。但有一次,一个学习成绩差的同学请求她帮忙在考试时作弊。谁料没有作弊过的她因为紧张过度被老师发现,被老师赶出考场。事后,她一直耿耿于怀,最后羞愧地跳入长江自杀身亡。针对这名女中学生自杀事件,人们从各个角度展开了广泛讨论,但谈论最多的还是中学生的心理素质和心理承受力的问题。

我们不得不承认,现在的青少年心理承受能力越来越差。在学习方面,过分注重自己的学习成绩,一次考试成绩不理想就会伤心很久,甚至出现厌学的倾向;在人际关系方面,害怕别人拒绝自己,不知道怎么与人相处,与同学之间发生一点儿小矛盾常常会感到束手无策,从而使自己心神不宁,学习退步;受到家长和老师的一点儿批评就会导致离家、离校出走等,以上的种种都是孩子心理承受能力差的表现。

然而,这些问题"病"在儿女,"根"在父母。父母对孩子过多的照顾和过度的保护,会使孩子无法得到磨炼,没有经受困难与挫折的心理准备和心理承受能力。表面上看,这些孩子个性十足,其实内心十分脆弱,就像剥离的蛋壳,稍一用力,就成了碎片。

心理承受能力,是指一个人从挫折中恢复愉快心情的心理素质,它对一个人的生活和工作是非常重要的。一个人只要进入社会,就会遇到各种压力、困难和挫折,有的人能勇敢、乐观地去战胜它们,而有的人却懦弱、悲观,处处想逃避。孩子们面对的压力有：考试不及格，竞赛不入围，升不了重点中学，和同学、老师关系不好等。这些都会给孩子带来心理压力。特别是那些性格内向的孩子、学习成绩差的孩子、单亲家庭的孩子、生理有缺陷的孩子、失足有过错的孩子，他们面对的问题更多。父母若不能正确地指导、对待他们，那这些孩子在遇到不愉快的事情时，就会有话不敢说，使之郁结在心里得不到舒展，久而久之，就造成了强大的精神压力。

心理支招

1.正确面对孩子的挫折

当孩子遇到挫折时，家长一定要正确面对，避免作出任何消极否定的反应，这种反应只会加重孩子的挫败感。家长不妨改变一下方式，变消极否定为积极鼓励、加油。这样既在客观上承认了孩子的失败，又充分肯定了孩子的努力，保护了孩子的积极性。与此同时，父母也要为孩子指出继续努力的方向。

2.给孩子制定一个适度的发展目标

适度的期望是相信孩子的表现，能帮助孩子发挥自己的潜能。作为家长，一定不要否定孩子，而要相信孩子有能力、有潜力去做好一件事。同时，家长要从孩子自身的特点出发，帮助孩子制定一个适度的目标。无论成败，都要给孩子一个客观的评价，孩子在哪里做得对、哪里做得不对、该发扬什么优点、改正什么缺点等，使孩子保持一颗平常心，从容应对生活中的各种挫折。

3.注重培养孩子刚毅的性格

现在的独生子女心理素质较差，受挫能力普遍较低，这就要求家长帮助孩子树立坚强的意志，培养他们敢于直面逆境的信心与毅力，让其经风雨历磨难，这对孩子克服软弱、形成刚毅的性格大有帮助。

4.允许孩子慢一点儿

现在的独生子女在成长过程中，父母总想方设法帮助他们排除一切干扰，让其顺利成长。孩子缺少应激和挫折，适应力从何而来？遇到挫折又怎能输得起呢？与其他孩子比较本无可厚非，但千万不要忘记对自己孩子进行纵向比较。要用成长的事实来鼓励孩子，慢一点儿不要紧，关键是每一步都要有孩子自己的汗水和思考。

总之，在培养孩子的抗压受挫能力时，父母一定要鼓励孩子坚强、自信地面对，让孩子懂得人人都会有压力，父母也会遇到麻烦、产生心理压力。在遇到麻烦、产生心理压力时，要教会孩子应对困难、克服压力的办法，以增强孩子的勇气和信心。

孩子心理调节能力差，一上场就紧张

家长的烦恼

孟太太一直为自己的女儿小言感到骄傲，小言是学校里的活跃分子，朗诵、唱歌、体育都是她的拿手项目。

一次，学校举行了初二年级诗歌朗诵大赛，老师又派小言代表班级"出征"。接到"命令"后，小言在家勤学苦练，做完作业就捧着小本子练习朗诵，还让爸爸妈妈当评委，给自己提意见。诗歌朗诵比赛如期举行。但比赛结束后，小言垂头丧气地回到家，哭着对孟太太说："妈妈，这次比赛我输了……什么名次都没有拿到……"孟太太愣了一下，连忙问："为什么呢？""我在朗诵的时候忘词儿了……"小言的头越来越低。"没关系的，这只是一次意外，以后我们多练习，这种情况一定不会发生了！"孟太太安慰道。

本以为事情就这样过去了，有一天孟太太接到了班主任老师的电话，说：市里要举行中学生演讲比赛，老师推荐小言参加，比赛前一个星期，小言都准备得差不多了。可是，就在比赛前一天，她突然说不参加了。

孟太太挂了电话以后心里琢磨着，以前这样的活动小言都是很积极的，怎么现在不愿意参加了呢？这天小言放学后，孟太太问起小言这件事，小言说："我不想去，万一到时候又忘词儿了怎么办？同学们已经笑话过我一次了……"

从小言的例子中，我们看到一个积极向上、勇敢的女孩因为曾经受挫而变得胆小、害怕比赛，甚至担心自己在关键时刻"掉链子"。这对于家长来说，无疑是一件令人头疼的事。对于青春期的孩子来说，他们再也不能像小学时那样无忧无虑了，他们不得不面对很多考试，不得不面对一次次的竞争，考试的压力、升学的压力把这些孩子压得喘不过气。那些成绩优异或者有特长的孩子，他们面临的压力更大，因为在学习之余，他们还必须为各种比赛努力，他们不允许自己失败。于是，很多时候明明已经准备充足，却在即将比赛时意识到一个问题，如果这次失败了，会不会被别人笑话呢？最终，他们选择逃避。可一个临阵脱逃的孩子需要面对的是更大的压力，他们可能会被同学们嘲笑是"逃兵""胆小鬼"等，同时，孩子丧失的是勇气与信心。因此，作为父母，我们一定要让孩子认识到，无论成败，只要拼搏过、努力过就是勇者。

心理支招

1.找到孩子惧怕比赛的原因

一般来说，孩子惧怕比赛可能是以下几点因素导致的：

（1）孩子曾经遭遇困难和挫折。在某件事上遭遇过挫折和失败的孩子，一般不愿意再涉足这个领域，因为他们害怕再次失败带来的打击。为此，他们会选择那些看起来更容易成功的事，把之前的失败归结为自己"笨""做不到"。

（2）家长过高的期望。家长望子成龙心切，总要求孩子做到最好。这无疑给孩子增加了心理负担，让孩子赢得起，却输不起。

（3）孩子遇到某些困难。孩子遇到某些困难后，就会产生"肯定赢不了"的想法，而受到能力和经验的限制，孩子找不到解决问题的方法。

此时，我们要予以指导和帮助。要根据孩子的不同特点，多教孩子一些克服困难的方法和途径，不断提高孩子独立解决问题的能力。

2.消除孩子的紧张感

当孩子要去参加演出或比赛时，不要老是叮嘱孩子"别慌""别紧张"，因为这些言语更容易让孩子紧张；家长要善于用孩子过去的成功经验来鼓励他们，这一点很重要，因为成功的经验在很大程度上能加强一个人的成功感，增强一个人克服困难的信心，当孩子面临新的挑战时，可以帮助他回想起以前类似活动的成功经验，这类成功经验与当前活动的时间越接近，激励作用就越大。

总之，如果孩子害怕比赛，甚至临阵脱逃，父母应找出具体原因，然后引导孩子鼓起勇气，吸取失败的教训，大胆自信地再次尝试。

孩子"求胜欲"强，总想着赢

家长的烦恼

秦先生的儿子小勇是个德智体全面发展的好学生。最近，一年一次的奥数竞赛要开始了，许多家长都争着给自己的孩子报名，但小勇却对秦先生说："爸，我不想报名。"

"为什么？你的数学成绩一直不错，老师不也说你完全可以参加比赛吗？"

"就是因为这个原因，全班同学都知道我数学成绩好，平时都来问我数学题。你说，万一我拿不到名次，岂不是很没面子，同学会笑话我，老师也会对我失望的。"

"原来你是担心这个啊，看来我的儿子长大了，也和爸爸一样爱面子了，爸爸能理解你的想法，爸爸先跟你讲个故事。我看过一篇题目为《打棒球》的故事，说的是一位父亲小时候参加棒球训练，他羞怯，害怕失败，只要输了球，他就觉得大家都在嘲笑他，最终他没能学会打棒球。等他的孩子长成了少年，他也让孩子去学棒球，圆他的棒球梦。而他的孩子和他一样，对球的悟性不太强，看似应该接住的球都从他的身边溜走了，于是他开始为孩子担心，感觉好像在场上的是他自己。中间休息的时候，他儿子满头大汗地跑回来，说：'爸爸，我好热，给我买瓶饮料吧。'他惊诧于儿子竟然没有一点儿的自责。休息结束后，儿子仍然热情高涨、精神饱满地上场了，虽然有的球还是没接住。他很不理解，妻子看出他的疑问，笑着对他说：'结果不重要，有个开心的过程才是最重要的。'"

"爸爸，我明白了，过程最重要……"

《打棒球》的故事告诉我们：无论成功还是失败，结果都只不过是一个节点，人生会面临无数的竞争和考验，没有哪一次可以决定我们的一生。对于既定的结果，无论输赢，我们都不应过于在意，而是应该看看我们从中能够发现什么、学到什么，当我们面对下一个目标时，才知道怎样做会更好。

细心的家长会发现，当孩子长到十几岁以后，就会变得特别爱面子，很在意周围人对自己的看法。为了得到周围人的肯定，他们会在学习上你追我赶、注重自己的穿着打扮等。但这种爱面子的心态也会给他们带来一些负面影响，如害怕竞争、害怕失败等。

我们知道，在竞争中，有胜利也会有失败。我们要鼓励孩子用自己的眼睛看世界，给自己一个正确的定位，相信自己有力量和能力去实现所追求的正确目标。要让孩子明白，自己在尽了最大努力之后，要做一个继续努力的赢家或是毫不气馁的输家，而不是过分注重竞争本身。相信自我本身就是一种"自我竞争意识"，那些连自己都不相信的孩子，已从根本上失去了和别人竞争的能力，他们必然不会朝气蓬勃、乐观向上，甚至干任何事情都体验不到"把握感"和"成功感"。

心理支招

1.孩子最在乎的是父母的肯定

很多孩子害怕失败，是因为他们曾经被老师、同学、家长批评或者嘲笑过，以至于自尊心受到伤害，丧失了自信心。而维护孩子的自尊心，需要家长以孩子为荣，看到孩子的点滴进步，并不断发现他们的闪光点，从而消除他们的担忧。例如，多表扬孩子的努力，夸夸孩子在竞赛或竞争中的进步。当孩子在努力尝试一些事情的时候，当孩子的能力得到提高的时候，或是孩子能够成为别人学习的榜样的时候，家长都要大方地给予孩子积极的鼓励和支持，使孩子树立和增强自信心。

2.帮孩子找到竞争的优势

父母要鼓励孩子建立自信心，敢于面对竞争。每个人都不可能是全才，有长处也有短处。帮助孩子找到自己的优点，建立坚定的自信心，这是面对竞争时，作为合格家长首先要做的。家长要引导孩子挖掘自己的优点，走出自卑的困扰并且变得自信起来；帮助孩子发现自身优点和长处，以克服害怕竞争的心理。

一个人的兴趣和才能是多方面的，要注意发挥自己的长处，挖掘自己的潜能，这样就能增加成功的机会，减少挫折。同时，有竞争就会有胜负，我们要告诉孩子，即使处于劣势，也要保持积极进取的态度，而不要通过贬低或拖累对方来获得自己的优势，也不要心生嫉妒或采取不正当的手段，更不要就此一蹶不振。

总之，我们应该引导孩子正确看待竞争的结果，教会孩子看重和享受竞争的过程，因为人生说到底就是一个过程，而不是结果。人的进步在于不断地超越自己，而不是和别人比高低。

第4章

成长不烦恼，用爱打开孩子的心门

孩子到了青春期后，独立性便大大增强，他们更渴望充当成人的角色，要求独立、得到尊重，他们开始营建自己的"小天地"，不愿意依赖父母，不愿意与家长沟通，这无疑会让很多父母焦虑。此时，如果你想打开孩子封闭的心，就必须走入孩子的内心世界，用心体会孩子青春期的变化，理解他们，当孩子真正地、发自内心地接纳你以后，他们便愿意对你敞开心扉了！

孩子厌烦父母的"唠叨式"管教

家长的烦恼

周医生的心理诊所最近有很多来寻求帮助的家长。一位母亲这样向周医生陈述自己遇到的问题:"当了十几年的妈妈,我第一次发现,教育孩子这么难,我儿子小时候开玩笑说,以后一定要找一个和妈妈一样好的女孩,可是现在我感觉他开始厌烦我了。他的耳朵就好像一个过滤器,同学和朋友的话他倒是听得进去,但对于我的话,他充耳不闻,任凭我的话在空气中穿过。于是,我只得采取大声吼的方法来提高他的'听进率'。不过,事后又总觉得这样不好,担心会给他留下阴影。我该怎样办才好呢?"

对于这位母亲遇到的问题,周医生的建议是:最好不要吼孩子,这样做无济于事。事实上,据调查,74%的孩子不希望妈妈唠叨。在父母中间,一般母亲在孩子的衣食住行方面倾注的心血更多,但孩子进入青春期后,却把这种关心当成了唠叨,甚至对母亲的话充耳不闻。这是为什么呢?

进入青春期的孩子总是希望得到他人的承认和尊重,希望摆脱成人的约束,渴望独立。他们不愿意再像"小孩子"一样服从家长和老师,而是希望获得像"大人"一样的权利,因此,经常固执地与父母顶撞。很多孩子进入青春期以后,希望有自己单独的房间,希望有自己单独的书橱和抽屉,并且不愿意父母翻看或挪用自己的东西,不愿与父母沟通交流,对父母的教导表示厌烦。这些都是青春期常见的现象。

而很多父母和案例中的这位母亲一样,孩子不听,就加大唠叨的强度和频率。但这样真的有效吗?答案是否定的。

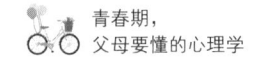

青春期的孩子把大人的话当耳旁风，当然也有父母的原因：家长讲话太啰嗦，孩子不愿听；孩子做错事，被大人责怪而装作听不见等。

心理支招

1.多听少说，了解孩子内心的真实感受

有时候，我们的出发点是为了孩子，却误用了灌输式的教育方式。我们可能没有意识到，自己平时对孩子的要求常常置之不理，也忽视了孩子的内心感受，这会使孩子感到沮丧、感到不被尊重。如果我们多听少说，孩子也就不会拒听大人的"命令"了。

因此，每次我们在向孩子"发号施令"的时候，不妨先思考以下几点：

（1）很多时候父母唠叨是为了满足自己的情绪需求，要尽可能地关照孩子的需求。

（2）不要在孩子面前表现出自己的无奈。

（3）教育孩子不要只停留在口头上，而是要做出实际行动。比如，在要求孩子要按时起床，学习要有效率后，一定要让孩子严格遵守。

2.避免喋喋不休

调查资料显示，父母在孩子面前喋喋不休，把自己真正要讲的意思和许许多多的"废话"，如抱怨、絮叨或责备都夹杂在一起，或是把几件事和几个要求都混在一起跟孩子说个没完，效果反而会适得其反。

3.不必大声说话

大喊大叫地对孩子发布命令，这是最不明智的做法。虽然此时孩子的注意力都在父母身上，但他关注的只是父母脸上愤怒的表情，而不是父母所说的话。相反，父母越是温声细语地说话，孩子越容易关注和听取父母所说的话。

4.多给孩子一些选择的空间

青春期的孩子已经不是襁褓中的婴儿，也不是牙牙学语的幼儿，他们已经有了独立决策的能力，为此，家长不妨做出以下改变：

（1）尽量让孩子自己做决策，甚至有些情况下，你可以为孩子制造一些自主决策的机会，因为你要做的，并不是替孩子成长，而是站在他的身边默默地支持他、帮助他。

（2）给孩子一定的权力，让他自己负责任。他的房间归他管，你只有建议权，他有决定权。

（3）等孩子向你伸手、希望获得你的帮助时再出手。

（4）不要害怕孩子受挫折，这是一个必经的过程。

作为家长，如果能了解青春期孩子的心理，并做到以上几点，相信我们一定能走进孩子的内心世界，这时，他们自然会对我们敞开心扉，不再对我们的话采取"置若罔闻"或者"随便敷衍"的态度了。

青春期的秘密都锁在日记本里

家长的烦恼

张女士是一名公务员，在单位出类拔萃的她对女儿也寄予了厚望，希望女儿能按照自己的想法规划人生。女儿一直也是大家公认的乖乖女，但不知从什么时候起，女儿好像变得孤僻了，也不愿和自己包括周围的长辈们多说话了。

最近一段时间，张女士还发现，女儿的书包里好像多了一本日记，难道女儿有什么秘密？不会是交了男朋友吧？怀着强烈的好奇心，一个周末，张女士趁女儿不在家，看了日记。令张女士意外的是，女儿并没有什么秘密，日记的内容只不过是对学习压力的倾诉以及与好朋友相处的过程中遇到的问题。

看到这些，张女士悬着的心终于放下了，但从这件事之后，细心的女儿居然给日记上了锁，这又让张女士产生了很多疑问。

的确，由日记引起的冲突通常是一个令人伤感的话题。孩子们因父母要查看日记而愤懑苦恼，家长们则因孩子把日记锁了起来而坐卧不安。但实际上，有时候孩子写日记，并不是因为有什么见不得人的秘密，只是他们需要一个倾诉的对象而已。

青春期的孩子似乎永远都把日记本当作送给自己青春期的第一份礼物。那么，他们为什么喜欢写日记呢？

孩子到了青春期，随着身体上的发育，他们的心理也产生了种种变化，对于以前父母灌输给自己的种种思想也会产生质疑，甚至不再相信成人，因此，他们既觉得孤独，又需要一个倾诉的对象。此时，他们会选择一个完全属于自己、父母不会干涉到的空间，并将属于自己的心情、小秘密都倾诉出来，而这个空间就是日记本。于是，他们会锁上房门，打开自己的日记本，将每天遇到的快乐的、不快的、激动的、气愤的、伤心的事情都写下来，当他们写完时，发现心情平复了，感觉也好多了。虽然问题可能还是存在，但他们已经把极端的情绪从心里转移到了日记本上，也便轻松了许多。

因此，几乎每个青春期的孩子都有一本带锁的日记，或者是一个放日记本的带锁的抽屉。在这个意义上，我们可以把日记看作是青春期的孩子送给自己的一份礼物。而孩子给日记上锁，是想要在一个安全的地带独自打量自己，他不想被评头论足，他那点儿刚刚积聚起来的自信，还需要小心地呵护。这个时候，父母如果强行或者偷偷看了日记，孩子就会感到无处藏匿，感到羞辱、气恼，产生令父母惊讶的激烈的情绪反应。可能日记并没有什么要紧的内容，但父母窥视了孩子在完全不设防状态下展露的自我，他会有一种被侵犯的感受。

其实，作为家长，完全有其他的方法面对青春期孩子的日记问题。

心理支招

1.不看也罢

可能每一个家长在查看孩子的日记前，都会给自己一万个理由，但最大的理由莫过于你不适应孩子已经长大的事实，不适应孩子在某种程度上的独立。静下心来好好想想，你会发现，促使我们这样做的主要原因其实是情绪上的某种需要。

当我们看到孩子带锁的日记时，可能会本能地认为：孩子不再对我们敞开内心，孩子开始躲避我们关注的目光。每一个敏感的母亲都不会对此无动于衷。我们在无可奈何之中也会感到有点儿委屈："我把你养这么大，怎么连看看日记也不可以啊！"

有一个女儿问妈妈："妈妈，你怎么从来都没有去翻看过我的日记本啊？

我们班好多同学都说自己的爸妈经常偷看他们的日记呢。"

妈妈笑着对女儿说："你开始写日记说明你长大了，开始有自己的小秘密了，妈妈很替你高兴。但是日记本是你的私有物品，里面会记录你的隐私，即便是妈妈，我也要尊重你的隐私啊！所以妈妈不偷看你的小秘密。但是如果你有什么不开心的事情或是很难解决的事情，妈妈希望你可以告诉我，然后我们一起来解决，好吗？"女儿听后幸福地说："我妈妈真好！"

由此我们可以看出，家长尊重孩子，孩子自然也会尊重家长。您如果向孩子敞开怀抱，孩子同样会以拥抱待您。如果父母非要查看日记才能了解孩子内心，这表明亲子间的沟通有了问题，应该设法改善这种状况，而不是简单地去查看日记。

2.和孩子共用一本沟通日记

这位母亲的方法很值得我们借鉴：

我现在很喜欢用文字和儿子交流，我曾精心挑选了一个笔记本，在扉页写上"我和儿子的悄悄话"。

自从有了这本日记，我和儿子的情感交流就变多了。

有一天，我去接儿子放学，却发现儿子在用讽刺性语言数落一个成绩差的孩子，当时我并没有当面斥责他。回到家，我在日记本中写道："儿子，你知道吗，每个孩子都是天使，你在妈妈眼里是一个优秀的孩子，那个被你嘲笑的同学亦是如此，他身上也有闪光的、值得他父母为之骄傲的东西。记住这样一句话：在人之上，要视别人为人；在人之下，要视自己为人。"儿子在下面写了一句："妈妈，我错了。"

从此以后，儿子放学回家的第一件事，就是阅读这本日记。我发现儿子也开始在日记本上面倾诉了。期中考试，儿子的数学成绩不理想，很怕我批评他。一回家，儿子就把这本日记交给我，上面写着："妈妈，对不起。我因为马虎，数学考得不好。但你放心，我下次一定争取考个好成绩。"

总之，作为父母，我们一定要接受孩子已经成长的事实，如果在孩子的成长中前怕狼后怕虎，始终不给孩子自由，这样不仅会让孩子错失很多自我成长的机会，还会让孩子觉得家长始终是风筝后面的那根绳子，不管自己飞得多高多远，随时都有被扯回来的可能，这只会让孩子的心门锁得更紧！

孩子总是抵触父母的关心

家长的烦恼

一向认为自己的孩子十分省心的王女士最近有些困惑,她来到儿子所在中学的心理咨询室,对老师说:"我儿子今年刚上初中,从小他就是个乖巧听话的孩子,学习很自觉,学习成绩也不错,所以很顺利地考上了市重点中学。只是我不明白,为什么他一到中学就变了很多,以前我给他零用钱他都舍不得花,现在每月生活费总是不够花。后来我才发现,他喜欢买那些时尚的东西,还打扮得像个小混混似的,为此我常教育他,可他常常与我顶嘴,总是强调'时代不同了',还说我是不懂潮流。我甚至告诉他,有本事就自己挣钱,结果他顶嘴后几天不理我,有时候还去同学家一住就是几天,我应该怎么办?"

生活中,王女士这种情况并不是个案,很多家长都遇到过,尤其是到了十几岁,有些孩子便不再听父母的话,他们好像突然一下子有了很多自己的想法,喜欢按照自己的想法行事。于是,很多家长不解:我那个乖巧听话的孩子怎么了?我该怎么办?

孩子之所以会出现这样的情况,是有一定的原因的。心理医生认为,12~16岁是孩子的"心理断乳期",孩子到了这个年龄段,随着所学知识的增加、阅历的增长,他们的内心世界开始变得丰富起来,极易对父母产生"逆反心理"。他们认为自己已经长大了,对社会、对人生有着与父母不同的看法,不希望父母处处管自己,于是经常与父母顶嘴,事事抬杠。据统计,爱顶嘴的孩子约占70%,这是一种正常现象。

那么,什么是"心理断乳期"呢?

人的一生有两个重要时期，一个是生理断乳期，在1岁左右；另一个就是"心理断乳期"，在12~16岁。

父母们都知道，每个孩子在婴儿期断乳都是非常痛苦的。面对饥饿，他们会疯狂地哭叫，张开待哺的小嘴执拗地寻觅母亲的乳头，而狠心的母亲却一勺一勺地给孩子喂进他所陌生的食物，孩子一次次倔强地吐出，最后终于学会进食。这就是人类适应环境的一次重大转折——生理断乳。

接下来，从大约12岁开始，孩子们开始逐渐脱离对父母的依赖，直到16岁。这个过程，就是少年逐渐摆脱父母、走向成人的过程，这一过程被心理学家称为"心理断乳期"。此时少年渴望获得独立、渴望父母重新审视自己，把自己当成成人看待，但同时，他们自身又有很大的依从性，无论是精神上，还是经济上，他们都不能摆脱对父母的依赖，尤其是当他们遇到一些青春期的生理和心理问题的时候，更需要获得父母的帮助。

"心理断乳"对青少年心理的改变是巨大的。如果一个人不能顺利度过"心理断乳期"，就有可能走入误区，甚至误入歧途。因此，这一时期家长一定要给予孩子特殊关注，并且学习一些心理学的知识，做好孩子的心理导师。

心理支招

1.告诉你的孩子："我知道你这么做是有一定原因的。"

在这个时期，不同的孩子依据转变程度的不同会出现不同的状态，他们非常渴望家长的理解。而一些父母，只要认为孩子做错了事，就会不分场合方式地批评孩子，这是家长的通病。实际上，这个阶段的孩子是叛逆的，也是脆弱的，有时候不经意的一句话就可能伤害他们的自尊心，引起孩子内心的不满、埋怨。

所以面对孩子所谓的"犯错"，家长不能马上训斥，更不能全盘否定，而要跟踪分析事件过程背后隐藏的种种秘密，甚至要帮他分析做事的动机。如果我们能抱着理解的态度对孩子说："我知道你这么做是有一定原因的。"那么，已经和孩子处于心理统一战线的你就能让孩子心甘情愿地接受批评。

2.告诉孩子："别怕，有爸妈在。"

家长要多关注孩子的自尊心，尽可能地支持和鼓励他们，尤其在他们遇到困难的时候，帮助他们分析原因，制订出切实可行的、能够被孩子接受的解决方案。一句"别怕，有爸妈在，爸妈会永远支持你"，会让你的孩子真正感受到自己并不孤单，知道身后还有父母这一坚强的后盾。

3.鼓励孩子多吐露心声

作为家长，在家庭中要发扬民主精神，平时要多注意和孩子沟通，让孩子发表自己的观点，这可使孩子感觉到无论做什么，只有"有理"才能站稳脚跟，这对孩子的个性发展极为有利。

总之，我们一不要害怕，二要教育引导，三要注意方式。与孩子建立一种亲密的、平等的朋友关系，帮助其顺利度过"心理断乳期"。

孩子和父母日渐疏远

家长的烦恼

有一天,周医生上网的时候,看到一位母亲发来的求助信,信的内容是:"人家说女儿是妈妈的小棉袄,我也一直为有一个贴心的女儿而感到自豪,但最近有一个问题让我很烦恼。我女儿今年14岁了,原来和我们很亲近,尤其是和我,学校里有什么事都爱跟我说,晚上还会窝在我怀里撒娇,一到节日就缠着她爸爸给她买礼物,一家人亲亲热热的。可这半年以来,女儿与我们的话越来越少,经常一个人躲在房间里,我们去关心她,她嫌我们啰嗦,懒得和我们多讲话,对我们爱答不理,但和同学打电话聊天却是老半天。孩子就像变了一个人,我们心里很着急,为孩子疏远我们而痛苦。"

面对这位母亲的困扰,周医生给她回了一封信:"您说您的女儿在半年前开始发生变化,变得不再与您交流,这的确会让您觉得难过。不过,您也不必过于着急,从您描述的情况看,孩子并不是出现了严重的心理问题,而是正处于一个特殊的成长时期,即我们通常所说的'青春期'……"

青春期的孩子疏远父母,这是很正常的一种现象。可能很多家长都会发现,孩子上小学时天真可爱,一放学就赶紧跑回家,拽着爸爸妈妈的衣角要糖果吃,还兴高采烈地向父母讲述在学校老师是怎么夸奖自己的,看电视还要靠在父亲或母亲的肩膀上,上街总要拉着父母的手……可一旦到了十多岁,尤其是上了初中后,似乎一下子"酷"了起来,回家随口说句"我回来了",便一头扎进自己的房间;或用零用钱买了自己的游戏机以后,就与游戏机做起了朋友;除了没生活费的时候,总是不会主动开口与父母说话;不再穿母亲给自己买的"老土"的衣服……我们的孩子突然发生了变化，一些父母开始焦躁，不知道孩子怎么了，他们感到忐忑不安，不断地盘问、责怪孩子，反倒使孩子离自己愈来愈远。这到底是怎么回事儿呢？

其实，进入青春期的孩子在心理上会表现出一些特征，其中重要的一点就是：明显地具有了独立意识。

青春期悄然来临，随着身体的发育，孩子的身体成长、力量增加，他们会觉得自己变成大人了，应该独立了，因此尽量避免对大人的依赖。他们渴求独立，不希望父母对自己过多干涉，因而与父母的话越来越少。再加上孩子此时开始重视与同性、异性同学之间的友谊，故可以与朋友尽诉衷肠，尽情欢乐，而不愿再对父母说心里话和表达亲密的感情。所以，孩子开始对父母"疏远"是孩子身心发展的必然，是孩子正在长大成人、独立探索生活真谛、独立处理人际关系的标志。家长非但不应感到紧张，还应该感到高兴。要珍视孩子的这种独立性，尊重孩子在家中的权利，有意识地把孩子当作家庭中具有一定地位的独立成员。

心理支招

1.了解青春期孩子身心发展的特殊性

处于青春期的孩子，他们身心发展迅速且不平衡，很容易出现各种问题，对此，家长不必焦虑，而应该调整心态，以平常心对待。

2.改变以往的教育方式

我们不应再用对待小孩子的方式对待正在向成人转变的孩子，对孩子要有尊重的意识，孩子是一个独立的个体，不能以自己的想法代替孩子的想法，要学会倾听孩子的心声，而不是一味地管教。这样才能化解孩子的对立情绪，让孩子愿意把心里话说出来。

3.尽力营造父母与孩子共同活动的机会

这样有利于拉近父母与子女的关系，也有利于发现孩子的各种想法，更有利于创造温馨和睦的家庭气氛，比如，父母与孩子一起做家务、旅游、走亲访友等。在共同活动中，父母与孩子可以增进彼此间的了解，融洽彼此之间的感情，加强彼此的沟通。父母可以在活动中以自己的言行来潜移默化地影响和教育孩子。学习榜样是孩子社会学习的一种主要途径，父母要努力成为孩子的好榜样。

总之，家长应理解孩子的这种"疏远"，但尊重孩子的独立性并不意味着家长可以从此撒手不管孩子，相反，家长要给孩子更多的关心。因为孩子虽然有了"成人感"，但孩子毕竟还是孩子，他们并不是完全成熟和独立的，依然需要父母帮忙解决很多棘手的问题。所以，家长应主动、热心地关怀他们，理解、尊重和信任他们，摸清孩子的思想状况，有针对性地予以帮助和指导。

青春期孩子精神上渴望独立，与父母分离

家长的烦恼

这天下班后，王先生还是和平时一样，开车来到儿子的学校，等候在大门口，儿子出来后神情怪怪的，王先生一眼就看出儿子不对劲儿。

"怎么了？有什么不开心的事情吗？"王先生问。

"爸，以后放学你能不能别来接我？"

"怎么了？坐爸爸的车难道不好吗？总比你挤公交车好吧？"王先生一脸的疑问。

"反正你别来就是了，从明天开始我自己骑车上学。"说完，儿子和几个同学挤到一辆公交车上了。王先生彻底糊涂了。

回到家之后，王先生和妻子提到这事，妻子说："我最近也发现儿子怪怪的，以前总嚷嚷自己衣服小了，让我给买新的，可是现在，我拉着他上街去买衣服都不肯，即使在街上，也是左顾右盼，好像有人跟踪他似的，后来，他干脆让我给他钱，说要自己买。"

可能很多家长对孩子的这一表现都感到"丈二和尚摸不着头脑"。其实，这些情况对处于"心理断乳期"的孩子来说，是一种很正常的现象，是孩子首次独立在做一件无比重大的事情——塑造自我。他们渴望独立，渴望周围的人以及父母把自己当成成人看待。此时，有些父母并没有意识到这一点，所以才会有一种失落感。你是否有这样一些感觉：

曾经，孩子最爱在你的自行车后座上嬉戏，随着时间的推移，你为孩子买了一辆新车，孩子骑着小车在你的右边，再后来，你只能经常站在路口，目送

孩子骑车的背影，消失在车流中。

曾经，孩子每到生日，就拉着父母的手，认为全家一起出去吃一次饭，然后买套漂亮的衣服就是最好的庆祝方式；而现在，你只能站在门口，告诉孩子："晚上早点儿回来，我会给你煮长寿面！"还没等你的话说完，孩子就已经消失在人群里，奔着生日聚会去了。

曾经，女儿最爱的就是妈妈买的粉色的衣服，她认为妈妈的眼光最好，而现在，她宁愿一个人拿着零花钱去和同学买一些潮流服装，也不愿和你一起逛街了。

青春期的孩子要的就是一种独立的感觉，不仅对父母，在学校里，他们也不再像小学生那样事无巨细地告诉老师，他们更愿意在老师的视野之外用自己的力量来解决同龄人之间的争端……这些都让他们有一种独立、自主的感觉。他们喜欢这种感觉，这不是父母的过错。

而作为父母，我们只是想要回归原先所习惯的那份亲密无间的关系，希望能洞彻孩子的内心世界。我们怕孩子外出遭遇危险，我们更受不了与孩子之间横亘着一道我们无法洞察、无法把握的鸿沟。

那么，我们该怎样才能找回那份亲密无间的亲子关系呢？

心理支招

1.不要剥夺孩子独自外出的机会

你要知道，青春期的孩子已经是半个大人了，他们完全可以照顾自己，可以独自外出，对此，我们千万不可强行限制，否则很容易引起孩子的反感。当然，在孩子独自外出之前，我们一定要与孩子订立安全协议，比如，必须在晚上十点之前回家，遇到问题要给爸妈打电话等。

2.共同外出时，把主动权交给孩子

一般来说，孩子不愿与父母一起外出，是因为他们不希望周围的人把自己看成是孩子，看成是父母的附属品，为此我们应消除孩子的这种心理负担，比如，把主动权交给孩子，让孩子决定今天去哪里、做什么等。这样孩子会感受到父母重视自己的意见，理解他们渴望独立的这种心理，自然他们也就能够享受和父母在一起的时光。

如果说孩子年幼时曾在与父母的陪伴中获得完整感，那么，当少年从心理上把自己从与父母的联合中切割开后，他们会在不同程度上产生一种"外人感"，于是他们急于摆脱父母的保护，希望能拥有更多的自由空间。对此，父母要承认孩子的成长，做孩子成长路上的支持者而不是决策者！

孩子不再愿意和父母说心里话

家长的烦恼

张老师最近遇到一位家长,这位家长在离学校不远的某单位上班,她每天都等张老师下班,然后和张老师一起回家,张老师明白她是想跟自己多聊聊。

从谈话中,张老师发现她总是在埋怨儿子,基本都是情绪发泄。而其中很重要的一条就是,儿子自从上初中后,很少和父母交流,平时让他做什么,他总是敷衍了事。

张老师听她讲完后,反问她:"其实,你遇到的这个问题,我听不少家长说过,孩子一到青春期,独立性增强,他们比从前更需要父母的肯定和理解。我们先不说这个了,你说说你儿子的优点吧。"

"张老师,您真会开玩笑,他哪有优点,他身上都是缺点。"

"是吗?您儿子是我的学生,我比较了解。他学习成绩很好,对人很有礼貌,长得也很帅,还乐于助人……"听完张老师的话,家长显得有些惊讶。

"现在,您应该知道您的儿子为什么不和您说心里话了吧,作为家长,只有把孩子当作朋友、了解孩子、理解孩子、尊重孩子,并看到孩子的闪光点,和孩子心连心,孩子才会愿意对你打开心扉,向你吐露心声。"

从那天以后,这位家长再也没有向张老师抱怨过自己的儿子。

日常生活中,很多家长都因青春期的孩子不愿和自己说心里话感到很苦闷。他们很想帮助自己的孩子,但因为不了解孩子,又怎么能让孩子对自己敞开心扉呢?

是不是我们的孩子天生就不和父母说心里话呢？实际上并不是。一般孩子不愿和父母说心里话大多都是从青春期开始的。

孩子到了青春期后，开始要求独立，希望得到尊重，他们一反以往什么都依赖成人、事事都认同老师和家长的心态，不再事无巨细地样样请教家长了，也不再敞开心扉，什么都公开了。他们开始有了自己的"小天地"，希望有自己的朋友圈子，他们更愿意对同龄人说心里话，而不愿对成年人说心里话。而最重要的是，他们希望自己的这些变化都能得到父母的理解和承认。

所以，有时候孩子不与家长说心里话，不是孩子不想与家长说心里话，而是他们的这些变化没有得到家长的理解和尊重，甚至一些孩子每次与家长谈心时，都会受到不同程度的伤害，慢慢地就与家长疏远了。

有一位上初三的女孩，学习成绩优异，人缘也很好。有一天她收到同学的一封情书，心里很惊慌，于是她就把信交给了妈妈，本想从父母那里求得解决方法，没想到妈妈却用"苍蝇不叮无缝的蛋"之类的恶语相伤。从此以后，孩子再也不和家长讲心里话了。

遇到这种情况，家长不该轻易地责备孩子，而是要启发孩子，给予她需要的帮助。青春期的孩子虽然渴望独立，但不是完全的独立，很多时候他们希望父母能帮助自己，而有时父母的态度却让他们退却了。

心理支招

1. "蹲下来看孩子"

理解孩子就要学会和孩子平等地沟通。怎样沟通？就是"融进去，渗出来"。

有一位国王的儿子生了一种怪病，认为自己是公鸡。别人与他讲话他就学鸡叫。有一个人找到国王说他能治好王子的病。他一看到王子，就钻到桌子底下学鸡叫，两人一下子成为朋友了，在一起玩、吃、住。慢慢地，两人建立了深厚的感情。突然有一天，这个人说，我要变成人了，王子也说，我也要变成人了。

这个寓言故事很好地阐述了"蹲下来看孩子"的教育理念,也就是说,蹲下来,你才能看到和孩子眼睛里一样的世界,才更容易理解孩子看到了什么,在想些什么。也只有这样,才可以与孩子进行有效的沟通。

2.尝试与孩子建立起"朋友"的新型关系

孩子进入青春期后,便会产生一系列独立自主的表现:他们要求和成人建立一种不同于以往的朋友式的新型关系,迫切要求老师和家长尊重和理解自己,如果家长和老师还把他们作为"小孩"而加以监护、奖惩,无视他们的兴趣爱好,他们可能会表示抱怨,甚至产生抗拒的心理。一般来说,从这时起,初中生便开始疏远父母而更乐于和同龄人交往,寻找志趣相投、说得拢的伙伴。他们的交往范围也不断扩大,先在班级中,而后可能发展到班外,甚至校外。

因此,家长不要再把他们当作"小孩子"来对待,要放手让他们学会独立处理一些事情,尊重他们的意见,信任他们,主动和孩子商量家中的一些事情,满足他们的正当要求。这样,他们便会以朋友的身份与你沟通了!

第5章

躁动的青春，引导孩子理性对待青春期情感

青春期是一个充满幻想的季节，少男少女们对未来充满了美好的向往；青春期也是一个充满吸引力的季节，未知的世界对少男少女充满了吸引力；青春期又是一个悸动的季节，少男少女之间多了点儿拘谨，少了些随和。在这样的青春期，孩子们那青涩的情感该何去何从呢?

青春期的孩子希望得到异性的青睐

家长的烦恼

张老师是小学六年级的班主任,最近班里男女生调换位置时,许多同学都发出了哄笑,有的胆子比较大的同学竟然直接开玩笑说:"这样就真的绝配了。"一位被调换位置的女生似乎意识到了什么,脸瞬间变得通红,头也埋得很低。这件小事引起了她对这些孩子的关注,一有空闲时间,她就深入孩子当中,了解他们的学习生活和思想状况。

果然,张老师发现了班里有传递纸条、写情书的现象,一位写作能力较好的女生用她细腻的文笔抒发了她对一位男生的爱意。而有的男生一下课便跑到自己有好感的女生的班上,希望能够引起女生的注意。在课间的走廊上、教室里,课间休息时经常看到男生女生你追我打,嘻嘻哈哈。每当男生在操场打篮球的时候,旁边总是三三两两地围着一些女生。这才小学六年级啊!张老师感叹,但一想到在本校读初一的女儿,她也开始忧心忡忡。

歌德说:"青年男子哪个不善钟情?妙龄少女哪个不善怀春?"在青春期,孩子爱慕异性,这是极为正常的心理现象,是青少年心理发展的重要表现,这也是他们未来恋爱成功与婚姻美满的性心理基础。作为父母,如果要了解孩子在青春期对异性的情感,就应该先了解孩子心理和情感在青春期早期的发展规律。

青春期的异性情感发展需要经历三个阶段的心路历程,称为"青春三部曲":

1.异性排斥期

从孩子9~10岁开始,持续的时间约两年。在这个阶段,孩子的身体开始出现一些青春期早期的生理变化,比如,男孩子开始长胡子,女孩子的乳房开始发育。孩子们的心理随着身体的发育也产生了一些微妙的变化,尤其是对异性产生了排斥心理,他们不愿意让人察觉出自己身体的变化。本来还是有说有笑、无话不谈的好朋友,但在这一时期突然变得陌生起来,彼此不理睬,也不怎么说话,互不往来,可谓是"泾渭分明"。

2.异性吸引期

从孩子12～13岁开始,将持续两到三年的时间。在这个阶段,孩子们对异性产生了好奇心,渴望参加一些有异性参与的集体活动,希望认识有共同爱好的异性朋友。通过参加一些集体活动,他们往往会发现自己喜欢的异性类型。

3.异性眷恋期

这一阶段又称为原始恋爱期,是青春期心理发展阶段的第三个时期,从孩子15～16岁开始。这一阶段,孩子们心里潜藏着对异性的强烈眷恋,但又不敢公开表露,他们只是用精神心理交往方式来显示自己情感的纯洁性。同时,这也是孩子们的性心理发展阶段,他们的内心虽然多了冷静与理智的成分,但还是不能停止对异性的眷恋、思念。

每一个青春期的孩子都要经历这样一个过程:排斥异性——在群体中找到自己喜爱的异性类型——期望与自己喜欢的某个异性深入交流。如果父母仔细观察孩子,就会发现孩子在每一个时期都有不同的表现。对待孩子的性心理发展历程,父母不应粗暴地界定为早恋,而应理解孩子在不同成长阶段的心理需求。

心理支招

1.鼓励孩子多参加群体活动

在青春期异性相吸的阶段,父母应该鼓励孩子多参加群体活动。如果孩子在这一阶段没有获得更多的机会参加群体活动,在群体交往中寻找到自己喜欢的异性类型,那么,孩子就可能会直接进入下一个发展阶段——眷恋某一个异性。在现实生活中,父母总是担心孩子与异性接触,就尽可能地阻止孩子参加有异性的群体活动，殊不知，这样的禁令反而会促使孩子进入早恋阶段。所以，父母要鼓励孩子参加对身心健康有益的活动，以转移其注意力，消耗其充沛的精力。鼓励孩子根据个人兴趣，发展个人爱好，这样早恋倾向会适当减弱或转移。

2.引导孩子正确与异性相处

对于青春期的孩子来说，他们对异性有很强烈的好奇心，渴望接近异性的同时又惧怕异性给自己带来伤害。作为父母，应该了解孩子的心理需求，鼓励孩子与异性正确交往，引导孩子在与异性的交往过程中，重在真诚，互相学习。对于女孩子，父母要告诫她们：在与异性单独见面的时候，要注意分寸，尽可能不要在晚上单独与男孩子约会，假如对方有一些无理的要求，一定要勇敢地拒绝。

孩子失恋，父母需要多关注

家长的烦恼

一天，陈先生来电影院看《失恋三十三天》，他说自己是来"审片"的。陈先生今年40多岁，儿子正在上高一。前不久，儿子暗恋班里的一个女生，但那个女生却对他没意思。儿子给那个女生送了花，表了态，但最终还是被女生拒绝了。本来儿子性格很开朗，近段时间却为"失恋"而痛苦不已。

上周末，儿子回家一直嚷着要看《失恋三十三天》，说同学们都看了。听到电影名字，陈先生觉得怪怪的，于是，他自己先来"审片"，看看这部电影是否适合孩子看。看完电影，陈先生觉得可以答应儿子的要求，他说："这部片子适合正处于青春期的懵懂男女观看。恋爱是人生的必经阶段，而失恋也是大多数人都将遭遇的事情，有准备总比没准备好。况且，现在的孩子普遍对爱情抱有过高的美好期望，一旦失恋就会很受伤，我不希望儿子因此受到伤害。"陈先生表示，要通过看电影，帮助儿子早日走出"失恋"的阴影。

在案例中，我们可以看出陈先生是一位开明的父亲，他通过同意孩子看电影的要求使孩子走出"失恋"阴影，这种做法是值得借鉴的。青春期的孩子遭遇感情问题，用"失恋"这样的字眼形容有些牵强，因为这些孩子还没有真正恋爱就向父母宣布自己"失恋"了。这样的"失恋"并不是成年人的失恋，而是对一份懵懂感情的失落。因此，与其把孩子的感情遭遇看成是一次"失恋"，不如引导孩子正确看待，把这当成是成长的必然过程。

早恋的现象越来越多，失恋的孩子也日益增多。孩子失恋后会感到很痛心，情绪低落必然会影响孩子的身心健康和学习成绩。既然父母无法禁止孩子恋爱，那不妨想办法帮助他们走出失落的情感，以免受到更大的伤害。同时，父母也要鼓励孩子正确面对情感的波动，平稳度过失恋期。

心理支招

1.引导孩子正确认识"失恋"

一位哲学家说："人只有经历一次真正失恋的痛苦和折磨，才会进一步成熟起来。"对此，父母要引导孩子正确认识"失恋"，面对现实，反思自己的行为，从中吸取经验和教训，促进心理的发展和成熟。告诉孩子："这并不是一件坏事，是一种很正常的结果，等你长大了，有能力了，你会有更多更好的选择。爱情并不是生命的全部，因为失恋而损伤身体，影响学业和前途，很不值得。"

2.让孩子感受到家庭的温暖

孩子失恋了，父母应该想方设法转移他们的注意力，关心他们，让他们感受到家庭的温暖。比如，利用节假日的时间带孩子出去旅游或者做一顿他们最爱吃的饭菜。让孩子们知道，即使失恋了，家人也永远是关心他们的，帮助他们尽量摆脱心理上的孤单和苦闷。

3.引导孩子将时间和精力转移到学习上来

孩子失恋后，要引导孩子将时间和精力转移到学习上来。告诉孩子："你们正处在学习知识的黄金时期，要尽可能地把更多的时间和精力放在学习上。恋爱不仅会浪费你的时间，还会耗费精力，从而影响你的心态，影响你的学习。"

青春期孩子陷入了单相思怎么办

家长的烦恼

这天，樊妈妈急匆匆跑进朋友的心理诊所，上气不接下气地说："不好了，我女儿离家出走了！"朋友赶紧端来了一杯水，关切地问道："为什么离家出走呀？发生什么事情了吗？"樊妈妈喘了一口气，才缓缓道来："我也是看了孩子的日记才知道事情的原委。我女儿今年刚上初二，开学时，班里转来了一个外地的学生，他是一位个子高高的男生。女儿对那位男生印象很好，而且那个男生有一个习惯，每次经过女儿桌子的时候，总是面带微笑，一只手按在女儿的桌面上，这让女儿觉得很温暖。后来，那个男生主动与女儿搭话，遇到难题经常向女儿请教，因为我女儿在班里成绩一向不错。"

停顿了一会儿，樊妈妈继续说："后来，那个男生还主动拿着饭盒找女儿一起吃饭，女儿觉得那个男生的一举一动都很吸引自己。就在国庆节的时候，男生去了西安，买了几个石榴仙子的吉祥物，回来时送了女儿一个，说是可以当钥匙链儿，女儿感觉这是那个男生给自己的定情信物。但是，没过多久，女儿发现那个男生又与同班另一个女生坐在一起吃饭，时而说笑，时而打闹，女儿觉得那个男生背叛了自己，气得不上学，也不回家。"

通过心理医生诊断，案例中的女孩子是典型的钟情妄想症。心理医生说，有很多青春期的孩子得这种病，只是轻重程度不同而已。这种病的症状是确信有异性喜欢自己，而且把这位异性当成自己的唯一，认为对方不能与其他人交往。在青春期，孩子性心理开始成熟，思想活跃，尤其对异性更加敏感。有的孩子知道自己心仪的异性并不喜欢自己，但总是不自觉地产生幻想，不希望对方喜欢其他人。面对青春期苦涩的"单恋",许多孩子能够正常处理:有的孩子把好感深埋在心底;有的则上前表白,遭到拒绝后才平静下来;有的发现自己喜欢的异性"喜欢"其他人之后,反而努力学习,把这种感情挫折当作自己学习的动力。而少部分的孩子则跟案例中的女孩子一样,患上了钟情妄想症。

情感受挫是中学生常遇到的问题,而较多的则是早恋倾向的问题,比如苦涩的"单恋"。教育家苏霍姆林斯基曾说:"教育者要善于把握分寸,要有敏锐、体贴入微的态度,以便让爱情作为一种能使人高尚的珍贵情感进入成长中的年轻一代的精神生活中去。"对待孩子苦涩的早恋,父母不要对其发怒、责骂,而要理解孩子,引导孩子慢慢走出"单恋"的泥沼。

心理支招

1.引导孩子正确看待"单恋"

父母可以告诉孩子:"进入青春期的孩子,对异性存有好感是正常的心理现象,也是生理和心理发育的结果。如果某个异性同学表现很优秀,引起你更多的注意和好感,这说明你是一个有上进心,追求成功的好孩子。你对异性怀有单方面的好感,这并没有错,但要把握好度,过了这个度,你就会想入非非,自寻烦恼。如果你觉得对方很优秀,那么,你更应该珍惜时间努力学习,让自己变得和他(她)一样优秀。"

2.耐心询问,了解孩子"单恋"的原因

心理学家认为,感觉只是人们认知客观事物的一种初级形式,它所反映的只是事物的个别属性,有时往往会对事物产生不正确的反映。当孩子"单恋"时,父母要关心孩子,询问孩子"你喜欢对方的哪些方面",了解孩子"单恋"的原因以后,要及时告诉孩子"这种爱恋只是一种感觉,并不是真正的爱情,不要过分相信自己的感觉,免得给自己带来烦恼"。

早恋不是"洪水猛兽",提前给孩子打预防针

家长的烦恼

最近,李妈妈无意中浏览到这样一条帖子"为孩子找性家教的进来看",具体内容是:"本人,男性,曾尝试做过两次性家教,分别对一个初一男生和一个高一男生进行性心理辅导。对于青少年性教育,我可以给你的孩子带来丰富的性知识,使他们避免过早的两性接触,让他们顺利完成学业。"

看见这条帖子,李妈妈心中一动,坦言道:"如果这位家教是女孩,我一定让她给自己的女儿补补课。女儿进入青春期以后,突如其来的生理变化常常让孩子手足无措,但又不好意思问父母。虽然说我们母女平时相处得比较融洽,但性教育这个敏感的问题还是让我觉得很棘手,有些话不好意思开口,也不知该从何说起。如果有和孩子年纪相仿的人能跟孩子谈这个问题,正确引导孩子,就再好不过了。"

李妈妈继续说:"上个学期期末考试之前,女儿跟我说,班里有个男生喜欢她,但她不喜欢这个男生。我当时就跟女儿说,如果喜欢那个男生,就应该和他在学习上互相帮助,互相鼓励,千万不要耽误了学习。在说这些话的时候,我虽然表面很坦然,但心里却是忐忑不安的,担心女儿会跟那个男生发展下去。我知道跟女儿说这些不会起太大的作用,但是又不知道该怎么来引导孩子。我觉得在早恋这个问题上一定要给孩子打好预防针。"

青少年教育专家称,处于青春期的孩子,他们在与同性同龄人形成亲密朋友关系的同时,由于性的萌动会出现对异性的关注和爱恋的感情。这种关注有的会不断增强,逐渐形成对异性的爱慕之情。其实,这本身是一件很正常的

事情，父母不要一味地担心与干涉，但孩子的早恋大多是青春期朦胧、单纯的爱，他们对两性之间的爱慕似懂非懂，只是觉得和对方在一起很开心，感觉对方对自己有吸引力。这样的情感缺乏成年人在谈恋爱时对家庭、政治、经济等多方面深沉而理智的考虑。一般情况下，女孩子的早恋情况发生得较早、较多，这与女孩子发育比较早有关系。大量早恋的案例表明，早恋的成功者实在太少，两个人随着在各方面的不断成熟，性格、理想等方面的变化会引起感情的变化，这样的感情缺乏稳定性与持久性。

随着人们生活水平的普遍提高，孩子得到了更充分的营养供给，再加上社会环境有形无形的"性"诱惑，使许多孩子性成熟的年龄提早到来，导致了现在中学生谈恋爱的年龄越来越早。对于这样的情况，父母应该有一定的思想准备，不能"自然教育"，任其发展，更不能粗暴对待。在早恋这个问题上，父母应该及时给孩子打好"早恋"的预防针。

心理支招

1.对孩子进行性教育以及恋爱观、婚姻观教育

当孩子进入青春期，父母应该对孩子进行性教育，以及恋爱观、婚姻观教育，打好早恋的预防针。如果发现孩子有早恋的苗头，要给他们讲明道理，给予热情的帮助，不妨对孩子说："哪个少年不钟情？哪个少女不怀春？在你这个年纪，特别喜欢一个异性是很正常的，但只能保持在友谊的层面，不能发展为恋爱，因为你们正处于长身体、学知识的黄金阶段，心理、生理发展尚未成熟，如果因为早恋而荒废学业，是非常可惜的。"

2.如果发现早恋，需要"冷处理"

有的父母发现孩子早恋了，就责骂孩子，或者找到学校、对方的家中，或者向亲戚朋友诉苦，把这件事情搞得满城风雨、尽人皆知。其实，如果发现孩子早恋，最好的办法就是理解孩子，耐心倾听孩子的诉说，给孩子热情、严肃的忠告，运用"冷处理"的方式。

客观分析孩子是否有同性恋倾向

家长的烦恼

一位满脸焦虑的妈妈走进心理咨询室,开口讲述了自己女儿的事情:

我担心女儿有同性恋倾向。从小,我女儿身体就比较娇弱。我担心孩子在学校受其他同学的欺负,就拜托了班里的一位女同学帮忙照顾女儿。就这样,女儿更多的时间是和这位女同学在一起,从来不与男孩子打交道。当我试探着问女儿:"你怎么没有一个异性朋友呢?"女儿回答说:"我觉得只有女生才最了解、体贴女生。"如此的回答让我吓了一跳,我开始慢慢注意女儿的同性朋友。

我发现,女儿的这位女性朋友打扮得很中性。这让我心里很不安,我问女儿:"你的朋友为什么喜欢中性打扮?"女儿像开玩笑地回答说:"这样可以更好地照顾我啊。""可是,你们这样,会……不会……走得太近了?"我说话有些吞吞吐吐,女儿瞥了我一眼:"这算什么,我们班里关系好的女生还在一起拥抱、亲吻呢。"听了女儿的话,我真是吓坏了,这是同性恋吗?

一直以来,早恋现象被不少父母当作"洪水猛兽",现在,孩子的爱恋不仅存在于异性之间,还有可能存在于同性之间。对这样的情况,许多父母表示"宁愿孩子与异性恋爱,也不愿孩子卷入同性恋中"。

那么,造成孩子有同性恋倾向的原因是什么呢?

许多孩子早恋,一旦失败了,就可能性取向发生变化,将关注点转移到同性的关系密切的伙伴。有的孩子则是受家庭因素影响,父母忙于工作,只看重孩子的学习成绩,不注意孩子的心理教育,坚决反对孩子与异性交友、学习、玩耍,因此,孩子的朋友圈子里全是同性。还有的孩子长期生活在父母不和的家庭中，父亲或母亲常年在外，不关心家庭，孩子从小到大所接触的都是父亲或母亲，导致他们对异性产生敌意，进而更愿意接触同性。

其实，那些具有同性恋倾向的孩子在面对自己的时候，多是自责和愧疚的，他们对"同性恋"的认识还不够全面，往往带有自己的主观判断。他们很容易把"同性恋"与肮脏、丑恶、艾滋病等负面性的事情联系在一起，认为"我是一个心理有问题的人"。

那么，如果孩子有了同性恋的倾向，父母该怎么办呢？

心理支招

1.不要简单地从言行、外表来判断孩子是否有同性恋倾向

一位心理医生曾经告诉我们："我接待过一对有同性恋倾向的孩子，这两个孩子每天都腻在一起，行为十分惹人注目，不论在什么场合，她们都会拥抱，甚至是亲吻。亲密的行为遭到了很多同学的议论和疏远。这两个孩子很苦恼，她们无奈地对我说，其实相互拥抱、亲吻都是模仿电视剧里的画面，只是觉得很好玩儿而已，并不是什么同性恋。"所以，孩子是否有同性恋倾向，并不能靠简单的行为、装扮来推断。

2.鼓励孩子多与异性接触

如果发现孩子有同性恋的倾向，家长要用和善的言语及方式去引导孩子的性取向，比如"尽量与更多的人成为朋友""尝试和异性交流"等。鼓励孩子多与异性接触，孩子会慢慢认清自己的性取向。

3.引导孩子心理健康发展

在孩子成长过程中，有的父母喜欢将孩子异性化装扮，或者让他长期只和异性朋友玩耍，这都有可能使孩子产生过多的异性心理，淡化自己的性别，在性别的心理认同上产生模糊。对此，父母要引导孩子发展健康的心理，同时要纠正自己的观念和行为，不要因为自己的偏好，就对孩子异性化装扮。

早恋到底会不会影响学习

家长的烦恼

一位苦恼的妈妈讲述了儿子早恋的事情：我儿子今年16岁，刚刚上高一，他从小学到初中都是优秀学生。但是前不久，我发现他开始喜欢打扮自己了，穿衣服也越来越讲究了，而且学习成绩直线下降。期中考试的时候，他在班里排名还不错，但期末考试的时候，有一门功课不及格，还有几门功课都是六七十分。我到学校询问孩子的学习情况，老师反映说，孩子有早恋现象，他跟一位女同学走得很近。

为了阻止孩子早恋，我首先在时间上控制他，上学送，下学接。有时候，家里有女同学来电话，我就给挂了。我问他是不是和那个女同学谈恋爱了，开始他不承认，但现在，他总算是默认了。我打听了一下，跟他恋爱的女同学是班里的团支部书记。在学校，老师分别找他们谈过话，但他们不改，老师也没办法。现在，两个人的成绩都出现下降趋势。其实，如果不影响学习，我就会睁一只眼闭一只眼，不管了。可现在呢？两人成绩都下降了，我真怕把孩子耽误了。

对此，心理医生给出了这样的诊断："在青春期，大多数孩子都会进入对异性的眷恋期，但会不会影响学习是另外一回事。如果已经严重影响了孩子的学习，那么，父母应该想办法劝阻、制止。"

关于"早恋到底影不影响孩子的学习"这一问题，众说纷纭，褒贬不一。一位心理学家发表自己的观点："对于'早恋影响学习'这个说法，我一直持怀疑态度。可能许多中国父母不知道，在西方国家根本没有早恋的说法。相反，在中学时期，老师和父母都非常鼓励异性之间的交往，甚至在美国，男孩子很早就接受了如何追求女孩的教育，而女孩同样很早就学习如何吸引男孩……"

美国社会学协会公布了一项研究结果：青少年有情侣关系，甚至发生性行为，对他们的学业不一定会产生负面影响。而一位正在美国上大学的中国女孩子也表示："我有亲身经历，和异性同学在一起，彼此之间可以互相鼓励、互相帮助，约定一起考取什么样的学校；平时考试之后互相帮助查找哪里错了，共同纠正；学习中有不懂的地方可以互相探讨、研究，这可以让枯燥的学习生活变得更加有趣，也可以减轻厌学情绪。"

中国人的观念与外国人不同，中国孩子的父母一贯都认为，学生时期，孩子就应该把精力放在学习上，不能三心二意，如果早恋影响了学习，是断然不行的。对孩子的早恋行为，家长要早预防、早发现、早制止。

心理支招

1.引导孩子将"早恋"转化为"互相帮助、互相进步"的动力

如果发现孩子早恋了，父母应该告诉孩子："你们的关系应该向着使双方都成为全面发展的好学生这样的方向发展。要互相帮助、互相鼓励、互相鞭策，成为同学们学习的榜样。"

2.如果已经影响了学习，就要积极引导，让孩子明白什么叫责任

如果早恋使两个孩子的成绩都下降了，父母有责任告诉孩子其中的利害。积极引导孩子走出早恋，告诉孩子："你年纪还小，你现在的主要任务是学习，如果因为早恋耽误了学习，你可能会成为一个无知、无能、无所事事的人，将来无法给对方带来幸福，这是对自己、对对方、对社会都不负责任的表现。"

教孩子婉拒异性的追求

家长的烦恼

李妈妈讲述了这样一件事：

那天，我帮儿子打扫房间，无意中将桌子上的一本书碰掉了。我赶紧捡了起来，却发现地上还有一张粉红色的信笺，我想了想，打开了信笺，原来这是一封情书：某某，犹豫了好久，还是决定给你写这封信……你不要猜测我是谁，我只是一个默默喜欢你的女孩子，我很普通，普通到你可以忽略不计……希望你每天都那么快乐。一看见那娟秀的字迹，我就猜出这是一个女孩子写给儿子的。我心里又是高兴又是担心，高兴的是儿子在班里原来那么受欢迎，担心的是儿子会怎么处理呢？前不久，我才跟儿子谈了一次话，给他打了早恋预防针，儿子也拍着胸脯向我保证，"妈妈，我不会早恋的，如果我遇到了感情问题，一定会跟你说"。

晚上，儿子像往常一样回到家，但我发现他有些心神不定，时而望着我，好像有话要说。果然，晚饭之后，儿子来厨房帮我收拾碗筷时，低声跟我说："妈妈，我收到了一封情书，该怎么办呢？"我问儿子："你喜欢那个女孩子吗？"儿子摇摇头，我心里有底了，对儿子说："那么，你应该委婉地拒绝她，告诉她，现在你们年纪还小，最首要的任务是学习……"

在成长的岁月里，处于青春期的孩子都有可能碰到异性的追求，这是一种正常的现象。对女孩而言，随着青春期的情窦初开，她们开始对异性产生好奇，并暗中祈祷爱情的降临，这属于正常的心理。但是，让孩子感到烦恼的是，不少女孩在与异性的交往中，常常会遭遇到"落花有意，流水无情"的情况，自己中意的人未必喜欢自己，而那些自己不喜欢的人却偏偏对自己有好感。孩子在面对这种情况的时候，常常感到手足无措，不知道如何拒绝对方，也不知道如何保护自己。

在这一时期，孩子们总是会害怕失去朋友，人天生就害怕孤独，孩子也是一样。在他们看来，自己交到一个知心的朋友很不容易，他们怕拒绝了对方以后连朋友都没得做，所以，在对待异性求爱时往往是犹犹豫豫，当断不断；还有的孩子不懂得拒绝的技巧，也不会开口拒绝他人，最终只能自己烦恼着、困惑着。

如果孩子意外地收到异性求爱的纸条、信件，父母应该怎么办呢？

心理支招

1.引导孩子正确对待异性的求爱信

如果孩子收到了异性的求爱信件，父母可以建议孩子表明自己的态度，比如"我们现在年龄还小，还处于求知阶段，不应接受这份感情"。只要对方明晓事理，就会尊重这样的选择。父母需要提醒孩子"在给对方答复的时候，拒绝的态度一定要明确、坚决，不能含糊其辞，使对方产生误解"。父母还应告诉孩子，要尊重对方的感情，不要轻易将对方的信件、纸条公布于众，更不要当众嘲笑对方，伤害对方的自尊心。

2.面对无理纠缠者，父母要挺身保护孩子

如果孩子在拒绝对方时，碰到无理纠缠或以死相威胁的异性，父母要挺身而出，帮助孩子拒绝对方，保护自己的孩子。父母还可以把事情告诉老师，让老师帮忙给对方做思想工作。

第6章

青春的困惑，引导孩子正确对待生理变化

很多孩子进入青春期后，产生了解与认识异性的强烈愿望，性成熟会给他们带来许多心理问题和令人困扰的事情，甚至表现出一系列性心理行为，如对性知识的兴趣、对异性的好感、性欲望、性冲动、性幻想和自慰行为等，这些都是不容回避的事实。此时，我们应该认识到自己就是孩子第一任且是最好的性教育老师，只有及时、恰当地解除孩子这些困惑，才能驱散孩子心中的疑云，让孩子健康、快乐地成长。

如何对孩子进行正确的性教育

家长的烦恼

事件一：

某中学举办了一场别开生面的讲座——"关于青春期性问题"的讲座，参加讲座的有三个年级的学生以及老师，参加讲座总人数有近千人。

令在场老师惊讶的是，面对一些大人们也觉得面红耳赤的话题，这些初中生却没有丝毫忸怩不安，反而问出了一些诸如"生米煮成了熟饭怎么办""处女到底怎么定义""性和爱可以分离吗""最好的避孕方式是什么""出现双性恋怎么办"等"尖锐问题"，不仅让一旁的老师听得瞠目结舌，就连主持讲座的专家也不好回答孩子们的问题。老师们感叹：现在的孩子早已不是我们想象中的那么闭塞、单纯。

事件二：

在某中学初一年级的语文课上，有一名学生突然举手提问"圆房"是什么意思，立即引来周围的一阵笑声，他的同桌压低声音说，"圆房"就是"那个"的意思。这样一来倒把讲台上的年轻老师闹了个大红脸。

的确，我们的孩子在一天天长大，昨天的她还是一个在父母怀里撒娇的小女孩，今天的她已经成长为亭亭玉立的大姑娘了；昨天的他还是一个和邻居小女孩抢零食的小男孩，今天的他看见了女生都会退避三舍……此时，性健康教育成为摆在很多家长面前的一道不可回避的难题。

与这些"大胆"的孩子相比，一谈到"性"，大人们似乎要害羞得多，大多数家长仍然是谈"性"色变；有一部分思想开放的家长想对孩子提前进行性教育，却又欲说还"羞"，不知从何说起。有调查表明，青少年了解性知识，70%来自电视网络、同伴之间的谈论交流或课外书籍，来自家长的却只有5.5%。有36.4%的母亲在女儿第一次来月经之前，没有告诉孩子该如何进行处理。由于正规渠道的性教育不能满足孩子们的要求，而杂志、影视、文艺书籍等社会信息又有着强烈的刺激和诱惑，还有同伴之间错误的性知识的干扰，很可能造成孩子性观念和性行为的偏离。

由此可见，结合孩子不同阶段身心发育的特点，及时进行性生理、性心理、性道德等知识教育，是满足孩子渴望获得性知识的需要，是社会、学校和家长不可推卸的责任。

心理支招

1.家长应转变观念

青春期性教育是人生教育不可缺少的一课，对孩子进行必要的青春期性教育是社会文明进步的体现。生活中，每个人都必须经历青春期发育这一阶段，青少年了解、学习性知识的途径必须是正当的、健康的。如果父母怕孩子学坏而封闭正当的途径，那么孩子只能通过一些其他方式来获取性知识，其中不乏一些导向错误的内容，妨碍其身心的健康发展。青春期教育如果出现缺失和失误，就会在孩子成长过程中留下无法弥补的遗憾。

2.保证性知识的准确性，不可敷衍孩子

孩子小的时候，他们会问："我是从哪里来的？"有的家长就用"捡来的""抱来的"等一些说辞来搪塞孩子。但对青春期的孩子，我们必须告诉他们实话，让孩子知道，他们是父母相亲相爱，由父亲的精子与母亲的卵细胞结合，然后在母亲的子宫里发育成长起来的。如果父母民主、开明，对孩子进行正确的性教育，孩子就不会将困惑埋在心里，而会随时向父母请教。

3.父母也应该学习一些性知识，以解答孩子的问题

当孩子提出的问题过于敏感，父母不好开口回答时，可将书报、杂志上的

有关内容标记出来，悄悄放到孩子的房间，让孩子自己去阅读。

需要提醒的是，父母在孩子面前不可表现得过于亲热，尤其是夫妻性生活要避开孩子，以免在孩子心中留下印象，成为导致他们形成错误性心理、性观念的缘由。

总之，家庭是对孩子进行性教育的最为理想的场所，孩子遇到一些有关"性"的问题，家长要像解答其他问题一样坦然对待，用轻松的谈话对孩子进行性教育。

青春期生理发育的烦恼

家长的烦恼

杨先生的儿子杨明今年上初一，这一年里，杨先生觉得儿子明显长高了，也不像以前那样调皮捣蛋，变得文静乖巧了，但总好像心事重重的，有时躲在卫生间不知干什么，有时坐在写字台前发呆，还遮遮掩掩地看些杂志。妻子说："明明可能是进入青春期开始发育了，做爸爸的应该跟儿子好好谈谈青春期的问题。"杨先生也觉得应该跟明明好好谈谈，不然看他整天胡思乱想，学习也会受到影响。可怎么跟他谈，谈些什么好呢？

青春期是每个人一生当中的重要时期，是从幼儿时期过渡到成人时期的一个转折阶段。在这一阶段中，身体在生长、发育、代谢，内分泌功能及心理状态等诸多方面均会发生显著变化。尤其是生殖系统的发育与功能的日趋成熟更为引人注目，青春期是决定人一生发育水平的关键时期。但面对青春期的这些变化，孩子会表现得既惊恐又好奇，心里产生忧虑、惶恐和不安，会想通过各种途径来了解这方面的知识，满足自己的好奇心。此时，父母有义务帮助孩子排除一些负面情绪，使孩子能健康、快乐地度过青春期。

心理支招

与青春期的女儿或儿子谈性发育问题是家长必须做的事情。关于男孩子的性发育问题，由父亲来讲是比较适当的。而女孩子的性发育问题，可以由母亲来讲解。讲解这一问题，可以分为以下两种情况：

1.女孩儿的青春期变化

一般而言，女孩子的青春期变化分为以下5个阶段，大多数女孩子都会按照这一顺序完成青春期发育，有些女孩子可能发育早些或晚些，以下内容可供父母参考。

（1）8~10岁，一般这个阶段女孩子的发育还未真正开始，没有出现乳腺发育，没有长出阴毛。

（2）11~12岁，这个阶段女孩子开始真正发育，她的乳房开始变大，阴部会长出阴毛、臀部变宽，声音变得低沉。个别女孩还会出现月经初潮。

（3）13~14岁，这个阶段大部分女孩已经出现了月经并逐渐规律，体型会变得更加丰满，身高增长的速度也会变缓。

（4）15~16岁，有的女孩子开始对男孩子产生兴趣，希望得到男孩子的关注。

（5）17~18岁，女孩子已经出落成亭亭玉立的、趋于成熟的美丽女子，在各方面逐渐发育成熟，她的感情世界也将继续发展并不断走向成熟。

2.男孩儿的青春期变化

男孩子青春期的变化也分为5个阶段，个别孩子有发育较晚的情况，家长也不必担心。

（1）8~10岁，这个阶段，男孩子在体型上和女孩子的区别不是很多，没有长阴毛、阴茎也比较小。

（2）11~12岁，这个阶段，男孩子睾丸激素开始作用，长得更快了，阴茎开始发育，声音变得低沉，肩膀和胸膛变得宽阔。

（3）13~14岁，这个阶段，男孩子会面临很多身体发育的问题，比如，发现自己长阴毛了，第一次"梦遗"，嗓音也会变得完全低沉起来，身体仍在快速长高。

（4）15~16岁，这个阶段，有些男孩子的脸部会出现令人头疼的青春痘。

（5）17~18岁，这个阶段，男孩子成长为一个成熟的男人，必须学会刮胡子。以前，觉得每个女孩都很可爱，但现在，会有某个女孩的身影总是出现

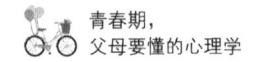

在他的脑海里。

　　作为家长,我们应该让孩子知道生理成熟这条路他们是一定要走的,是一定要经历的。父母既是孩子的长辈,也是孩子最贴心的朋友,要帮助孩子及时调整好自己的心态,顺利地迈入成人世界。

青春期别恐惧性幻想

家长的烦恼

陈红在一所中学任教,是儿子小容的班主任。小容的学习成绩并不好,一直处于中下游水平。陈红发现儿子进入青春期后更加腼腆了,甚至都不和女同学说话。最近一段时间,陈红觉得儿子奇奇怪怪的,一整天都精神恍惚,甚至连上课都在走神,为此,陈红决定和小容好好谈谈。

"小容,今天妈妈决定和你谈谈,你最近心事重重的,是不是遇到什么事了?"

"没事。"

"可能你不愿意说,不过妈妈答应你,我绝不会把你的秘密告诉别人。"

"我还是觉得说不出口。"听到儿子这么说,陈红也猜出一二了。

"是不是关于身体方面的?"陈红顺势问。

"你怎么知道?"小容很吃惊。

"我猜到了,在你这个年龄,这些问题都是很正常的,如果你愿意的话,告诉妈妈,或许妈妈能为你指点迷津,助你排忧解难。"

"那好吧。我在心里一直默默喜欢我们班的一个女生,她各方面都很优秀,人也长得漂亮,我觉得自己好像一只癞蛤蟆,而她是只美丽的天鹅,我们之间可谓天差地远。可奇怪的是,最近我常常在梦里梦到她,在梦境里我和她有时手牵着手,有时在郊外互相追逐。她总会对我笑,这些场景仿佛就在眼前。但当梦醒的时候,我会感到非常失落,也觉得自己很可耻。"

"你喜欢的是张婷婷吧?"陈红说。

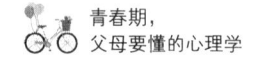

"妈妈，你怎么知道？"

"我儿子的心思我一下子就能猜出来，我们先暂时不谈这个，关于你说的梦到她的问题，妈妈想说的是……"

随着性生理的发育、两性交往的深入，青少年的性欲、性冲动也会逐渐增强。许多青春期男孩睡觉时偶尔会梦见自己相识的女性或其乳房、颈、腿等部位，此时阴茎会情不自禁地勃起，当达到极度兴奋时，就会遗精。有些女孩也会梦到自己和喜欢的男生一起嬉戏、玩耍等。

许多孩子因此自责，觉得自己是个坏孩子，千方百计地想去控制自己，可在梦中又不由自主。在医学上，这叫性梦，是青春期性心理活动的重要内容之一，常发生在深睡或假寐时，以男孩居多，性梦和梦遗不是病态，而是一种无法自控的潜意识性行为。有关专家指出，性梦是正常的生理和心理现象，不必大惊小怪。国外调查报告显示，几乎所有的男性都做过性梦，男性性梦的顶峰期在15～30岁。性梦与道德品质的好坏没有关系，人不可能因为品质好就不做性梦，也不可能因为道德败坏就夜夜做性梦，所以，做梦的人完全不必自寻烦恼。

虽然性梦是正常的心理活动，但任何事物都要有限度。如果沉溺其中无法自拔，那这对学习、对生活、对自己的健康成长是极为不利的。

心理支招

1.让孩子认识到为什么会"做梦"

寻求和揭示性的奥秘是很多青春期孩子所向往的事情，他们想了解性的秘密，因而身边一切与性相关的事物，如电影、书刊、故事、图片以及父母间的亲昵动作，都会引起他们的注意。人在清醒状态时，有自我控制的能力，但熟睡之后大脑的控制暂时消失，性的本能和欲望就会在梦中得到反映。所以，性梦大多是性刺激留下的痕迹所引起的一种自然的表露，性成熟是产生性梦的重要生理原因。

2.纠正孩子对性意识活动的错误认识

很多孩子认为性梦是低级下流、黄色淫秽、道德败坏的，有的孩子由于性梦或性幻想的对象是自己的同学、邻居，甚至亲友，便会产生负罪感，认为自己的想法是乱伦、道德沦丧等。对此，家长要向孩子解释性梦和性幻想是正常的、普遍存在的现象，还应告诉孩子性梦对象是不可选择的。要让他们明白，之所以会出现一些困扰，并不是因为性意识活动本身，而是因为自己对性意识活动所持的态度。

3.为孩子保密

虽然性梦是正常现象，但如果随意向外界披露孩子性梦的内容和对象，不仅会对孩子的身心造成伤害，还可能会引起一些不必要的纠纷，因此，家长要为孩子做好保密工作。

总之，我们要让孩子明白：有性意识甚至做性梦都没有错，关键在于如何调节和发泄。青春期孩子应以学习为重，把精力放在学习上，这样就能转移性梦对自己的困扰，另外，也可以鼓励孩子多参加集体活动和社会活动，这也是一种自我调节的方式。

坦然自若，给孩子讲讲"性"

家长的烦恼

困惑一：

这天，华先生发现放在抽屉里的一盒安全套不见了。后来，他接到老师的电话，说儿子在学校捣蛋，把安全套拿到了学校给周围的同学看。有的同学把它当作气球吹，感觉挺好玩儿的。

困惑二：

这天，曹太太听见女儿小洁躲在房间哭，就推开门进去问缘由，事情是这样的：15岁的小洁和班上的男生东东谈起了恋爱，对爱情懵懂的两人不知道谈恋爱应该是什么样子，对两性知识更是知之甚少。一天，小洁被东东吻了，接吻之后，两人便后怕了。"我会不会怀孕呢？"小洁惴惴不安。"应该不会吧，我也不太清楚。"东东对此并不确定。从此以后，小洁总担心自己会怀孕，一有身体不适，就以为自己怀孕了，背着思想包袱，学习成绩一落千丈。

每个父母都希望孩子具有健康的性观念和性行为，其实，父母是孩子最好的性启蒙老师，必须及时、恰当地解除孩子这些困惑，驱散孩子心中的疑云。性教育就是告诉孩子有关性交、怀孕和生育的"真相"，解释与孕育下一代有关的知识以及对性的感受。

心理支招

1.对孩子进行性教育要客观，不要带主观感情

当孩子向你提出"为什么男女身体不一样？"等问题时，你要放松、要自

然，没必要感到尴尬或不安，也不要表现出你想完全回避这类问题，因为孩子问这类问题纯属好奇。

回答孩子的问题，不需要长篇大论，因为他对抽象的知识毫无兴趣。如果你对简单回答也束手无策的话，书店里有很多针对不同年龄孩子进行性教育的书籍和家教杂志，可以借助图书的内容，选择有关能回答他的问题的章节、文章读给他听，其中那些能帮助他理解生命现象、男女性别的差异等问题的插图也可以给他看。以后孩子再问起这类问题时，这种方法依然可以奏效。

2.言传身教，让孩子明白什么是"爱"

如果父母的言谈举止相亲相爱、温馨和谐、相互赞赏，无疑是对孩子最好的教育。因为孩子们理想中的异性原型对应的正是他们的父母，擅长察言观色的他们正好能借此深刻领悟到父母之间幸福、美满的男女关系，长大后他们也自然会效仿。

青春期想与异性身体接触

家长的烦恼

赵太太的女儿小美回家跟妈妈说:"一直和自己玩的小威哥哥居然'非礼'自己。"赵太太生气地带着女儿来到小威家,找其父亲孙先生"算账",甚至惊动了周围的邻居,大家纷纷前来围观。

躲在房间的小威吓得不敢出来。赵太太让女儿当着大家的面儿说小威是怎么"非礼"她的,小美支支吾吾地说:"我们一起放学回家,在路上,他居然要牵我的手……"

此时孙先生已经火冒三丈,正准备打儿子,被邻居们拉住了。一个大姐说:"老孙啊,其实这不是什么大问题,孩子到了青春期,开始渴望接触异性身体了,我看你得好好和小威探讨一下青春期孩子的一些心理问题了。"听到这儿,孙先生心里一阵酸楚,几年前,他和妻子离婚了,一直是自己带孩子,小威虽然性格内向,但还算听话,学习成绩也很好。现在出了这样的事儿,他觉得确实应该对孩子进行生理知识的教育了。

青春期是意气风发、朝气蓬勃的,就如万物勃发、生机盎然的春天。进入青春期以后,孩子的身体开始快速发育,会分泌出大量的性激素,使孩子的性机能逐渐成熟。身体上的变化,必然会引起孩子内心的变化,面对异性,他们会表现出兴奋、好奇、羞涩等。

很多父母认为,对于青春期的孩子一定要严加看管,否则孩子很容易陷入早恋的泥潭。于是,孩子与异性说话、拉手都被视为"学坏了"。实际上,青春期孩子渴望与异性交往,是青少年身心健康发展的重要标志。与异性交往并非会陷入恋情,而是同学、师生、朋友、合作伙伴等多种人际关系交往的需要。学会与异性和睦相处,对他们长大后的择偶、恋爱、婚姻等都大有益处,也是促进未来事业发展和适应社会人际关系的必要准备。

那么,小威为什么会出现这样的行为呢?

一般来说,这种情况多发生在青春期的男孩子身上。男孩在步入青春期以后,性器官日趋成熟,在性激素的影响下,男孩会产生爱慕异性的情感。来自视觉、听觉和触觉的某些刺激,如异性的外貌、同异性的接触、来自异性的热情,甚至语言、文字和图像,都可以成为性刺激,从而引起性的冲动和欲望。发育正常的男孩,青春期大多会有正常的性欲,只是强弱不同而已。

针对性冲动,家长如何引导孩子正确调节和控制呢?

心理支招

1.帮助孩子养成良好的生活习惯

父母要教育并督促孩子养成有规律的作息习惯,注意个人卫生,避免不洁之物的刺激。

2.教会孩子一些转移注意力的方法

多参加一些有益的文体活动,比如听音乐、打球等,这样可以转移"视线"。不要看有性刺激的书刊、电影,避免与异性单独相处。我们不妨直言不讳地告诉孩子,青春期想接触异性的身体并不可耻,但一定要把握分寸,适度、大方地与异性交往。即使对异性有好感,也应让它们作为一种美好的愿望,珍藏在心底,等自己长大后,他(她)会以百倍的力量、热情来迎接你!

如何消除青春期的异性恐惧症

家长的烦恼

这天，吴太太买菜回来，在小区门口遇到隔壁家的小刚，小刚很疑惑地问吴太太："吴阿姨，最近小玲是不是生病了？"

"没有啊，你们俩不是一个班的嘛，她天天都去上学啊！"

"那就奇怪了。"

"怎么了？"

"我以为小玲有什么心事呢，我发现从这学期开始，她老躲着我，有时看到我，都绕道而行；有时说不上两句话，她就急匆匆地走开了。"

"你们吵架了？"

"她是女生，小时候一起玩，我都让着她，关系一直挺好的，怎么可能吵架呀。"

"那我知道了，你放心吧，回去我会好好和她沟通的。"

吴太太明白，这是因为女儿长大了，知道男女有别了，所以在和异性交往的时候就刻意保持距离了。

青春期是孩子身心变化最为迅速且明显的时期，在这个时期，孩子的身体、外貌、行为模式、自我意识、交往与情绪特点、人生观等，都脱离了儿童的特征而逐渐成熟起来。随着性生理的发育，孩子们对两性关系有了朦胧的意识，开始对异性产生兴趣。但在与异性接触中又有羞怯的心理，表现出扭捏，甚至连大胆与异性说话都不敢。

一个缺乏与同龄异性接触的孩子也会表现出一种不健康、不自然的与异性交往的心理和状态。这个时期对异性交往的限制常常会给他们在未来更好地鉴别、选择异性朋友或配偶带来不良的影响。德国哲学家布洛赫说："完善的性教育是无害的，这种教育认为，性的本能像别的事情一样，是光明正大的，完全自然的。受过教育的人把一切自然的东西都看成是理所应当的，承认它们的作用和必要性，性的本能对他们来说是生存的条件和前提。"性教育的目的是培养孩子的道德坚定性，从而克服两性关系中的不良现象，正确的性教育可以避免青少年生活中出现的很多过失、错误、痛苦和不幸，使他们的身心得到健康成长。在这个过程中，父母有义务教育孩子，与异性交往时要大方优雅、以尊重为先，只有这样才能坦然地、不失分寸地与异性交往，才能获得异性同学之间纯洁的友谊。

心理支招

1.让孩子认识到青春期男女同学交往的益处

一些父母听到孩子与异性同学交往就敏感多疑，认为孩子可能早恋了。其实，青春期男孩儿和女孩儿之间的交往，并没有很多父母想象的那么严重，相反会有一些良性的结果。当青少年进入青春期后，由于生理和心理发育的急剧变化，使他们的情绪易于波动，活动能力增强，人格独立要求增加，这些都属于正常现象，而非"恋爱"。男生往往比较刚强、勇敢、不畏艰难，更具独立性；女生则更具有细腻、温柔、严谨、韧性等特点。从心理学角度看，男女同学正常的交往活动可以促使双方互补，对性格发育和智力发育都大有裨益。进入青春期的男女同学都希望自己成为受到异性关注和欢迎的人，为此，他们会尽力地改变自己、完善自己，这就形成了自我发展、自我评价、自我完善的最佳心理环境，是克服自身缺点及弱点的好机会。教育孩子与异性正常地交往，使他们能够理解异性、尊重异性，与异性发展自然的、友爱的关系，为他们今后顺利地进入恋爱和婚姻关系奠定良好的基础。

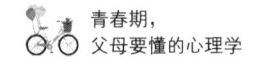

2.告诉孩子如何与异性相处

就青春期这一阶段来说，男女同学共同学习，相互帮助，友好相处是很有必要的。但与异性相处，交往的原则应当如何把握呢？

（1）以树立远大的理想为交往前提。只有以树立远大理想为交往前提，男女同学之间的学习、交往才会是健康的，也只有这样，才能激发双方努力学习的动力，才能促使双方朝着既定的目标迈进。

（2）男女同学之间交往要开朗、热情、真诚、自尊自爱、大方相处，在语言和行为上，要注意把握分寸。

（3）扩大交往的范围，多参加集体活动。积极主动参与集体活动，努力使自己成为班集体中活跃的一员，保持男女同学之间正常的友谊关系，不要专注在某一位异性同学身上，尽量不要单独与某一异性同学相处。

青春期的孩子性意识已经萌发，他们尝试与异性同学交往时，父母不能简单粗暴地阻止，而是要加以引导，让孩子坦然面对与异性交往的问题。

第7章

叛逆的青春，用话语疏导孩子的逆反心理

随着青春期的到来，身体发育加快，孩子开始完善自己的思维方式，开始思考自己、思考未来与人生，同时，他们会面临很多不解与困惑。此时，渴望独立的他们本能地想要摆脱这些困惑，于是他们顶撞、反抗父母与老师……一些家长看到孩子出现与以往不同的举动，便会产生焦虑心理，甚至对孩子进一步严加管教，实践证明，这种方法并没有太大的效果。其实，面对青春期孩子的逆反，最好的方法是蹲下身来，和孩子建立一种平等的朋友关系，理解、支持你的孩子，这样才能建立起真正的亲子关系，让孩子的世界真正接纳你！

正确引导处于叛逆期的孩子

家长的烦恼

对话一：

上初三的儿子染了黄头发。

父母："谁允许你染头发的？你照照镜子，多难看，明天不染回来就不许进家门！"

儿子："我就是喜欢，为什么要听你们的？"

对话二：

妈妈："最近怎么老有男生打电话找你，成什么样子？你已经是大孩子了，不能乱和男生接触。"

女儿："要你管？"

对话三：

爸爸："天冷了，穿上毛裤吧。"

孩子："用不着，我不冷。"

爸爸："我刚听过天气预报，还能有错吗？"

孩子："我这么大了，连冷热都不知道吗？"

爸爸："你怎么越大越不听话，还不如小的时候呢！"

孩子："你以为我傻呀，真是的。以后少管闲事。"

这样的对话，或许很多父母都遇到过。孩子到了青春期以后，好像总是故意和自己作对，和自己唱反调。很多父母感叹："我让他往东，他就是往西。""我说的话，他从来没有听过。"的确，青春期的孩子，常常会产生逆反心理。逆反心理是指人们为了维护自尊，而对对方的要求采取相反的态度和言行的一种心理状态。

青春期的孩子为什么会如此逆反呢？有三个方面的原因：

第一，青春期的孩子因身体发育而产生了一些属于青春期的独特心理。身体上的变化、第二性征的出现给他们的心理造成了一些冲击，他们往往会对此感到不知所措，因此，他们便会产生浮躁心理与对抗情绪。

第二，除了身体上的发育趋向成熟，青少年还渴望独立，希望周围的人把自己看作成年人，因此，在面对问题时他们常常呈现出一种幼稚的独立性。

第三，随着自我意识的增强，青少年们对社会上各种新奇的事物产生了浓厚的兴趣，他们想要通过表现个性、追逐时尚等方式来满足自己的好奇心。

除此之外，社会和家庭教育的一些不足，青少年面临的各种压力以及生活中的无聊情绪等，也是逆反心理产生的"沃土"。

在孩子有逆反苗头的时候，父母首先要反思，也许是自己正在挑起这种情绪，也许是孩子对自己的哪个地方有意见，反思过后，要有针对性地寻找办法以解决问题。

心理支招

1.面对孩子的变化，不必大惊小怪

父母要了解孩子身心的变化，理解孩子的这些变化其实都不是什么大问题，在此基础上坦然地接受孩子的变化，并转换角度从孩子的立场看问题。

2.找出孩子产生逆反心理的原因，有的放矢，对症下药

每个青春期孩子产生逆反心理的原因和表现都是不同的。如果女儿只是尝试穿妈妈的高跟鞋、用妈妈的化妆品，或者儿子换了一种新潮的发型，完全可以把这种现象当作普通的爱美之心。如果孩子事事和父母作对，拒绝接受任何意见，就需要第三方的介入。例如，让孩子信任的长辈与他好好沟通，或者寻求心理医生的帮助进行家庭干预或家庭治疗。

3.与孩子交流忌从学习入题

同孩子交流,家长不要总是从学习成绩入题,这样会让孩子心里有压力,从而怀疑家长交流的动机。交流时,可以从日常的话题入手,等孩子的情绪稳定下来后,再切入正题。

4.孩子的逆反也可以预防

为了防止孩子出现逆反情绪,父母需要从小就和孩子建立良好的亲子关系,积极和孩子进行沟通。在沟通时,最好以朋友的方式将孩子当作一个独立的个体来尊重。

总之,青春期是人生的关键期,需要家长多些关心,但家长要保持平和的心态,了解孩子成长的发展规律,帮助孩子解决实际问题。

孩子总嫌弃父母思想老套

家长的烦恼

一位初学上网的母亲向网友求助如何和女儿沟通,她这样说:"女儿上初中后话是越来越少,一到休息日就守在电脑前面跟同学聊天、逛贴吧、看论坛。自己偶尔凑上去看他们聊的什么,结果竟然看不懂,都是什么'有木有''很稀饭'之类的词,问女儿是什么意思,女儿'切'了一声,很不屑的样子。

"后来,我到网上搜索才知道,现在网络上流行许多新词。什么咆哮体、蜜糖体、淘宝体,我看得头都晕了。

"前段时间女儿又改了个状态,写了句'金寿限无乌龟少',我更是看不懂了。问女儿,女儿居然说我老土,这都不知道,后来我自己上网搜了搜才知道,这原来是前段时间热播的一部韩剧里的台词。哎,是这个年龄段的孩子太前卫了,还是我们真的太老土了?"

另一位网友也感慨:现在跟女儿的共同话题真是越来越少了。平时女儿放学回家,他总是会问女儿想吃什么,女儿的回答常常是"就知道问这个,随便"。考完试问女儿成绩怎么样,女儿的回答就是"就会问成绩,烦不烦"。给女儿买了新衣服,女儿的回答是"就会买这样的,俗不俗"……

孩子进入青春期后,父母是不是发现孩子不再像以前那样乖巧听话了,不再认为我们说的都是对的,是不是经常对我们说:"俗!""土得掉渣!""out了。"从孩子的口中,你是不是会听到:"我们同学都是这样说的。""人家都是这样穿衣服的。""什么都不懂,懒得跟你说。""你不明白的。"……

这些语言和行为其实都表示，你的孩子已经进入青春期了，开始有了自己的思想，已经有了摆脱父母的想法。心理学家发现：孩子在10岁之前是对父母的崇拜期，20岁之前是对父母的轻视期，30岁之前是对父母的理解期，40岁之前是对父母的深爱期，直到50岁才真正了解自己的父母。而10岁到20岁之间是代际冲突最为激烈的时期。有人说："12~17岁这个年龄段的孩子可以让父母衰老20岁！"这句话的意思是，这一时期的孩子是最让父母担忧的，是最不让父母省心的。很多这个年龄段的孩子，为了证明自己已经长大、证明自己思想的成熟，都开始质疑父母，认为父母的想法老土、观念跟不上时代等。认识上的差异会加剧父母与孩子之间沟通的难度。

心理支招

1.和孩子一起探讨时尚与流行的话题

你的孩子是不是格外喜欢某一明星？你的孩子是不是特别关注某一支球队？你的孩子是不是特别喜欢某项运动？那么从现在起，你就要把自己从厨房和书房中解放出来，主动去学习、了解这些知识，当和孩子有了共同话题时，你还担心孩子认为你"土"吗？

2.家庭教育也要与时俱进

很多家长认为，只有给孩子足够的物质满足，才是给孩子一个更好的生活。其实，家长恰恰忽略了孩子最需要的东西。在此阶段，孩子们最需要的不是玩具和零食，而是亲密感情的表现形式，比如你了解他的思想、理解他、认同他，给他一个鼓励的拥抱等。你的孩子已经进入青春期了，已经有了自己的爱好、思想等，家长应予以正确的引导和鼓励，不能以一成不变、简单粗暴的方式来干涉和约束孩子，家庭教育应该突破传统教育的固定模式，要与时俱进。父母应该在平时多留意社会的发展和孩子的想法，注意与孩子沟通，在了解孩子的想法后也多向老师求教，双方配合、合理引导，共同促进孩子的健康成长。

3.让孩子安排与父母独处的时间

很多父母感叹:"虽然放暑假了,但是儿子每天和我们交流的时间竟不到半小时!""女儿每天除了上辅导班就是自己上网跟同学聊天、打电话,根本不理睬父母,说多了还嫌烦!"

其实,既然你的孩子觉得你"土",那么你不妨请教他:"这个周末由你来安排,不过前提是,你要带上爸妈……"如果你的孩子答应了,那就表明他已经允许你进入他的世界了。

因此,针对孩子认为父母"土",不愿与父母沟通的问题,最好的方法是蹲下身来,和孩子建立一种平等的朋友关系,让孩子的快乐也成为你的快乐,让孩子的烦恼也成为你的烦恼,然后用你的经验指导孩子,这样才能与孩子建立起真正的亲密关系,才能让孩子真正接纳你,并允许你融入他的世界。

青春期的孩子总嫌父母"烦"

家长的烦恼

张老师的儿子叫小文,按理说她应该非常懂得如何教育孩子,可是最近一段时间,她在教育自己儿子时,却遇到了很大的麻烦。

小文是一所名校初中二年级的学生,前几天,小文的班主任打电话给张老师说小文最近学习情绪不高,成绩下滑得很厉害,希望张老师能多关心和帮助孩子。听到班主任这么说,张老师也很伤脑筋,她说:"我很纳闷,小文一直都很乖巧听话,可不知从什么时候起,他根本就不愿意和我说话,一回家就躲进自己房间。有一次,我实在看不下去了,就跑到他房间去问他在学校的学习情况,不承想他竟然把我推了出来。"

张老师继续说:"小文是个乖巧的孩子,小时候很听话,学习也很努力,自己考上了这所名校,当时我和他爸爸都觉得很骄傲。可上初中以后,听话懂事的孩子变了,问什么都不说,还总嫌我烦。成绩也不如以前了,眼看着就要上初三,他现在这样的学习状态可怎么办?孩子爸爸工作很忙,平时就只有我一人管孩子,但现在我的工作压力也很大。"

听了张老师的烦恼后,班主任答应亲自开导小文。当班主任老师问小文为什么变得不听话的时候,小文回答:"我都14岁了,再听父母的话,会被同学们笑话是没长大的孩子。"

很多家长都和张老师一样,对孩子突然不听话的变化感到莫名其妙。他们总是责问孩子,把自己的想法说给孩子,但是他们往往没有关注到孩子究竟在想什么,最近的心理状况如何。

孩子进入青春期以后，身体发育加快，思维也得到了一定的完善，他开始思考自我，思考人生，开始被身心成长过程中的很多问题所困惑，此时，他要想办法去摆脱这些困惑，这是人的生存本能。但他们从小就始终在家人的呵护下成长，当发现遇到的事情和情况很麻烦时就会手足无措，又不知道怎样说或不愿意对家长说，认为全听父母或老师的话是不成熟和没长大的表现。对此，家长一定要及时、正确地引导孩子，以帮助孩子解决问题。

心理支招

1.不要让孩子盲目听话

童话大王郑渊洁说过，他从来没有对自己的孩子高声说过一句话，也从来没有说过"你要听话"，因为他觉得把孩子往听话了培养那不是培养奴才吗？因此，家长不妨告诉孩子："爸妈并不是要你盲目地听从我们所说的每一句话，什么话都听的孩子就是庸才。"这样说，会很容易让孩子感受到父母对自己的理解。

2.鼓励孩子有自己的思维方式

一位中国的幼儿教育专家到国外考察，看到一个孩子用蓝色笔画了一个大苹果，老师肯定地说："嗯，画得好！"孩子高兴极了。这时，中国专家问老师："他用蓝色画苹果，你怎么不纠正？"那个老师说："我为什么要纠正呢？也许他长大后真的能培育出蓝色的苹果呢！"

其实，外国老师或家长这样容忍孩子"不听话"是有道理的，它可以保护孩子的想象力，激发孩子的创造力。青春期的孩子有自己独特的思维，家长们如果用成人的思维方式粗暴地干涉，就会扼杀他们的想象力和创造力。

3.给孩子一个行为标准

这个行为标准的制定必须是在和孩子已经站在统一战线的前提条件下，也就是孩子认可父母所说的话。此时，父母应该告诉孩子一个行为标准。在这个标准下，他知道什么东西应该去执行，什么东西应该坚决反对，掌握好这个度就可以了。不是不管他们，而是怎样合理地管。

综合来看，对于青春期孩子不听话的问题，父母一定要辩证地看待。我们不需要培养那种盲目听话的"乖孩子"，因为"乖孩子"真正成为社会精英、业界尖子的不多。当然，并不是说"不听话"的孩子就一定聪明。孩子的"听话"应更多地体现在生活规矩、行为道德上，父母应作出正确的引导，并督促孩子在学习和对待事情中实践。

孩子在课堂上捣乱是出于什么心理

家长的烦恼

"我是一个14岁男孩的母亲,儿子今年上初中三年级,从去年开始,他的逆反心理越来越强,喜欢跟老师顶嘴、唱反调,开始时在课堂上故意捣乱,现在发展到不学习、上课不听讲、趴在桌上睡觉,而且放学回家连书包都不带回来。"一位母亲说。

"这个月我已经是第五次被老师请到学校了,我儿子上课要么不听讲,要么和同桌讲悄悄话,更严重的一次是他居然把篮球拿出来,和几个男生一起玩传球,新来的英语老师被气得够呛。"另一位父亲说。

"我真不知道您的儿子是不是有多动症,他总是捣乱,让我没法上课,也影响了其他同学,希望您回去好好教育他。"一位老师对某家长说。

学习对于任何一个孩子来说,都是很重要的事。而课堂学习是一个师生互动的过程,学生成绩的好坏很大程度上取决课堂听讲的效果。但很多孩子一到初中,就由以前一个上课认真听讲的好学生变成了"捣蛋虫",这不仅给老师的教学工作带来了困扰,也让很多父母忧心忡忡。为此,希望父母和老师能找到一个行之有效的解决方法。

一般来说,青春期孩子在课堂上不能注意听讲有两种表现:

第一种,有些孩子不听讲,只是"自己玩自己的",在座位上做小动作,如玩文具、听音乐、看课外书等,不会影响到老师上课和他人听课。而且,这些孩子不听讲是因为他们根本听不进去老师上课的内容,或者根本听不懂。这是一种学习障碍。

第二种，自己不听讲，还影响周围其他的同学。这类孩子似乎永远有说不完的新鲜事，甚至绘声绘色地为周围其他同学讲述，也有的同学是不和别人说，而是自言自语，这就给课堂学习制造了噪声，既严重干扰了老师的课堂教学，又严重影响了学生的学习效率。一些同学自己不听讲，还在课堂上大声喧哗，甚至随便走下座位、打闹，极大地破坏了老师的课堂教学及其他学生的课堂学习，让老师经常不得不中止教学，维持课堂纪律。

弗洛伊德的精神分析理论告诉我们：人的任何行为都是有原因的。那么，学生课堂行为表现的背后都有哪些原因呢？

其实，以上两种情况，都与青春期孩子的逆反心理有关。这时期的孩子，身心都处于不稳定的状态，他们渴望自由，但又不得不面临那些沉重的学习压力，时间长了，他们便产生一种矛盾心理，出现学习效率下降甚至厌学的情况。但即使如此，他们还是不得不面临课堂学习，于是，他们就会将逆反的矛头转向老师，出现上课注意力不集中、故意和老师作对等情况。

那么，父母该如何协助老师做好孩子的心理疏导工作呢？

心理支招

1.老师要调整教育方法

学生犯错误，老师一般会采取当众批评、叫家长的方式来处罚。这种方法只会加重孩子的逆反心理，甚至让孩子产生厌学情绪。为此，老师应寻找新的、更适合学生特点的解决方法，给予孩子更多的理解与支持，与其建立良好的沟通。

在教学方法上，建议老师让孩子多进行一些自主性学习。目前，课堂教学正发生着"静悄悄的革命"，不论是"自主学习""合作学习""探究学习"，还是"洋思经验"中"先学后教，当堂训练"的课堂教学模式等，都在努力探索体现新的教学理念，而这一切又都需要老师帮助学生在课堂学习中保持愉快的心境。

2.不要给孩子过大的学习压力

父母过分看重学习成绩，对孩子来说是一种无形的压力。很多孩子都有这样的感受：当他们学习成绩下降，父母常常是旧账新账一起算，把孩子的学习成绩下降归结于太贪玩、不认真，甚至骂孩子"蠢""笨"等。这些做法只能导致孩子的对抗情绪。在课堂上，孩子没有学习的动力，逆反心理会使他们更加不认真听讲。

总之，作为父母，不要认为孩子在学校就可以放任自流、让老师管教等。每位父母都必须做孩子情感的依靠，理解孩子，让孩子产生情感认知。

孩子总顶嘴，你知道根本原因吗

家长的烦恼

一位母亲苦恼地对心理医生诉说，我的孩子就要上初三了。从暑假开始，女儿好像变了一个人，经常一个人闷在房间里上网、玩游戏，对家长不理不睬。前两天我和爱人想跟女儿好好沟通一下，结果没说几句话，女儿就顶撞说："我就是不知好歹、不可理喻，要你管。"之后，还在自己的房间门上贴了"请勿打扰"几个字，我真的很生气。

生活中，有一些孩子的言行，比案例中的女孩更为逆反，他们几乎不和父母沟通，父母说一句，他们顶十句，总觉得自己是对的。而父母为了更正孩子的观点，就极力发表自己的看法，如果双方都坚持自己的立场，便容易产生对立的关系，甚至激化亲子矛盾。父母如果能理解孩子的想法，你会发现其实孩子的想法也有一定的道理。

青春期的孩子情感起伏大、变化大且难以驾驭。他们有了喜怒哀乐，不但不愿向父母倾诉，还埋怨父母不理解自己，如果父母教育的方法不得当，如对孩子的表现刨根问底，或是漠不关心，就会增强他们的反抗情绪。作为父母，应放下架子，与孩子平等相处，当孩子的知心朋友，争取成为他们倾吐心事的对象和安慰者。

心理支招

1.把命令改为商量

在很多问题上，父母不要太过武断，也不要替孩子做决策，而应该先问询孩子的意见，如："你是怎么认为的呢？你打算如何处理呢？你打算什么时候开始做呢？"这就表示了我们对孩子的尊重，在了解了孩子的想法后，如果有些部分不正确，我们再以研究和探讨的语气与他们商量："我能理解你的想法，但我们还要考虑这件事的可行性，不是吗……你觉得妈妈说得对吗？"

孩子是聪明的，有判断力的。如果你的话有道理，孩子也是会采纳你的建议的。而且，你们交流得越来越多，亲子关系也会变得越来越好。

以商量的方式去解决问题，即使商量失败，感情氛围也会增强，有利于以后问题的沟通。如果家长总是武断地命令，不仅解决不了眼前的问题，还会破坏感情气氛，阻断感情沟通，失去今后解决问题的机会。

2.不妨让孩子吃点儿"苦头"

青春期是孩子形成主见的关键时期，小错肯定难免，所以，家长应该允许孩子犯点儿错、吃点儿亏，不要过分束缚孩子的行为。

例如，你的儿子"要风度不要温度"，寒冬腊月坚决不穿毛衣，倘若商谈没成功，你也不用着急，让他挨一次冻，真感冒了，他就会明白你的意图，至少以后会考虑你的意见。

总之，对于青春期的孩子，支持要比压制好，商量要比命令好。另外，只要孩子的想法合理，父母就应该全力支持！

孩子不认可父母怎么办

家长的烦恼

为了庆祝儿子期中考试进入前五名，杨太太和丈夫早早地下了班，做了一桌子儿子爱吃的菜。

饭桌上，杨太太一脸笑意，夸奖儿子学习努力。

"你们班这次考第一的还是刘晓？"杨太太顺口问。

"嗯。"儿子很冷淡地回答。

"刘晓这孩子从小就聪明，平时也很有礼貌，见到我们都很积极地打招呼，以后肯定是上重点大学的料。"杨太太说。

"得了吧，就他？整天就会'装'，我们班同学都很讨厌他，马屁精一个，也就老师喜欢他。"听到杨太太的话，儿子很气愤地辩驳道。

"那他总归是第一名啊。"

"第一名又怎么样，没人稀罕……"说到这儿，儿子更气愤了。最后，他放下碗筷留下一句："我去看电视了，你们慢慢吃。"这一举动让杨太太感到很是奇怪。

为什么杨太太夸奖别的孩子，她的儿子会嗤之以鼻呢？其实，这是青春期逆反心理的表现。我们多次讲，青春期孩子的独立意识开始慢慢增强，并有了自己的想法，此时，他们更希望父母以及周围的人把自己当成成人来看，但在父母眼里他们依然是孩子。为了让父母改变对自己的看法，他们会通过唱反调来显示自己思想的成熟。事例中杨太太夸奖其他孩子，儿子就觉得自己在父母眼中不如那位同学，从而引起了他的不满，使其乐融融的气氛变得僵硬起来。

很多父母都感叹，为什么孩子到了初中之后和我们的话越来越少、人越来越"叛逆"，甚至父母说什么，他们总是不屑一顾、嗤之以鼻？是因为他们的价值观有问题吗？其实并不是，青春期的孩子渴望脱离父母的庇佑，他们并不能完全独立生存，不能独立面对生存的压力、学习上的困扰等，此时，他们只能"空喊口号"，在"行为语言"上反抗父母，于是和父母唱反调就成了他们宣告独立的重要方式。

显然，孩子的这一态度无疑给亲子关系设置了障碍，让很多父母无所适从。那该怎样解决这个问题呢？

心理支招

1.进入孩子的世界，让孩子慢慢喜欢你

有位母亲谈自己的教育经验：儿子喜欢什么，我就去学什么。

儿子初三的时候，身高已经长到了180厘米，酷爱打篮球，可我对篮球一窍不通。为了和儿子有共同语言，我就去看书、查资料，了解美国职业篮球联赛、乔丹、科比、姚明……周末有球赛的时候，我主动跟儿子说："晚上有NBA的比赛，我们一起看吧。"儿子当时特别兴奋。他觉得妈妈很了解他的爱好，妈妈很"潮"，跟别的家长不一样。

儿子认可我了，也就乐意敞开心扉，跟我聊天，有关学习和生活的提醒，他也能听进去。说实话，这个年龄阶段的孩子很要面子，家长一定要把他们当成大人看待。有一次，我在路上遇到了儿子的同学，便很真诚地跟对方说："很高兴我儿子有你这么要好的同学，欢迎你经常到我家玩。"儿子知道后很高兴，他觉得我很尊重他的同学，让他很有面子。

2.如果孩子不赞同你的意见，应了解其中的原因

很多父母一听到孩子反对自己的观点，就会不问青红皂白加以斥责，长此以往孩子自然会疏远你，而如果你给孩子辩驳和阐述理由的机会，对孩子说：

"这件事，爸爸想听听你的看法……"认真倾听孩子的意见，了解孩子的真实想法，那孩子自然也会认真听取你的意见。

3.父母要学会跟孩子交朋友

青春期的孩子特别渴望交朋友，父母要是和自己的孩子交了朋友，就不会为怎么跟孩子交流而烦恼。当然，父母一定要放下架子，主动去和孩子交流。比如，针对上网的问题，我们不能盲目反对，孩子在上网时，也会学到知识有所收获。另外，父母可以经常询问孩子在上网时喜欢浏览哪方面的内容，然后去了解一些这方面的知识，找到共同语言。如果你的孩子爱玩游戏，那在休息时间试着跟孩子一起玩一些竞技类和娱乐类的游戏，娱乐的同时也能培养孩子的竞争意识，让孩子更加喜欢你。

青春期的孩子为什么对吸烟好奇

家长的烦恼

陈先生的儿子叫小亮，今年才15岁却学会抽烟了。

"第一次发现他抽烟是在半年前。那时，我买了一包烟，还没抽几根就没有了。后来，我在小亮的房间发现了烟头，才知道这孩子竟然开始偷偷抽烟了。从那以后，我给他的零花钱他总说不够花。有一天，我下班很早，专程去学校接他放学，却看到他和几个同龄的小伙子躲在墙角抽烟，我当时真是火冒三丈，生气地把他带回家好好教训了一番，可是作用不大，他竟反驳道：'你要是能把烟戒了，我也戒。'"

的确，很多青春期的孩子，尤其是男孩子，把会抽烟作为成熟的标志，抽烟的时候，他们觉得自己就如同大人一样，很放松，时间一长便会染上烟瘾。青春期的孩子身体发育尚未成熟，过早地抽烟，对身体发育有百害而无一利，也严重地影响学习进步，应该及时教育纠正。很多父母都意识到这一问题，但往往束手无策，着实伤神。

青春期的孩子抽烟有多方面原因：

首先，情绪不稳定，身体、学习、生活带来的种种压力很容易导致心理、情绪出现大的波动。这时，如果没有合适的解决办法，吸烟便成了他们解闷、发泄的便捷途径。

其次，有些青春期的孩子把抽烟当成是"吃得开"的标志。人们有个错误认识——"递烟是递见面礼"。现在这个"见面礼"已经进化为"递烟是递名片的跟进措施"。这种不良风气也逐渐在校园内传播开来。

孩子染上抽烟喝酒的恶习，要从说服教育入手，单纯的禁止往往达不到良好的效果，有时还会适得其反。

心理支招

1.对孩子进行正面教育，说明吸烟的危害

青春期的孩子对于周围的事物已经有了一定的认识，父母应对他们进行说理教育，大多数都能认识到吸烟的害处，自觉地改掉抽烟的坏习惯。

抽烟对青春期孩子的危害有：

（1）香烟中含有很多有害于身体健康的物质，尤其是尼古丁。而青春期的孩子身体正处于发育期，身体器官还没发育完全，支气管还比较直，抽烟时，烟雾微粒和有害物质很容易直达支气管和肺泡。抽烟对青少年的危害比成人更大。

（2）青少年吸烟，会降低大脑的活力，影响记忆力和学习能力。

（3）吸烟容易让青少年结识社会上的坏人而走上违法犯罪的道路。

2.清除使孩子染上吸烟坏习惯的污染源

主要从三个方面着手：

（1）父母以身作则，给孩子树立榜样，不吸烟或戒烟，积极为孩子营造一个"无烟环境"。

（2）家长应密切关注孩子的社会关系，防止他们和社会上吸烟的伙伴经常来往。

（3）与学校领导、老师配合，经常查询孩子是否有吸烟迹象，实行共同监督。

3.培养孩子戒烟的心理诉求

孩子学会抽烟以后，家长不能训斥、挖苦，更不能打骂，要引导孩子树立正确的认识，让孩子从思想上认识抽烟的危害，产生戒烟的动机，这才是帮助孩子戒烟的良方。

4.教育孩子集中精力学习，是纠正吸烟坏习惯的治本措施

孩子吸烟容易上瘾，严重的将影响学习。为此，家长一定要加以引导，

激发孩子的学习兴趣，关心孩子的学习情况，对孩子学习上遇到的难处给予指导，鼓励孩子的每一点儿进步，使孩子将主要精力用于兴趣爱好和学习上。这将有助于他们戒掉吸烟这个恶习。

第8章

潮流的青春，正面引导孩子追求有意义的事物

不知道为什么，孩子到了青春期这个年龄段，总是听不进父母的话。他们热衷于追星、追潮流，流行什么就会追逐什么。许多人认为"追星""追潮流"是青春期这个年龄段的标志，其实，这一切都源于青少年的"向往"心理。

引导孩子树立正确的偶像观

家长的烦恼

这是一位老师的自述：

我是老师，也是家长，我的儿子也是我的学生。在昨天的班会上，我在全班进行了一次匿名式的问卷调查，问卷中有这样一道题："请你写出自己最崇拜的人，限定一名。"统计结果时，我将同学们答的内容写在黑板上。其中有"刘德华""张学友""张国荣""张柏芝""谢霆锋""周恩来"等，全班45名同学，竟然写出了35位崇拜人物的姓名，以歌星、影星居多。没有一个人写华罗庚、陈景润，甚至连居里夫人都落了榜。晚上回到家我问儿子"你写的偶像是谁？"儿子很自豪地说"20世纪80年代的四大天王之一：刘德华，虽然他年龄稍大了一点儿，但我就是喜欢听他的歌"。听了儿子的回答，我感到很忧心，现在的孩子已经把明星当作自己的偶像了。

青春期的孩子正处于身心的发育期，性格还没有定型，心理还没有成熟，他们判断好坏的意识还比较模糊，分辨是非的能力还不强。因此，孩子的价值观很容易受到外界的影响，人生观很容易受到社会的左右。他们这个年龄所体现出来的特点是"模仿多于自觉，从众多于主见"。尤其是那些明星偶像，对青少年的影响更是巨大。从他们的日常言行，到他们的价值观念；从他们的穿着打扮，到他们对观众的态度，都是孩子们模仿和追随的范本。

现实生活中，许多电视台或媒体为了提高收视率，大搞选秀、造星节目，俊男靓女、大款、大腕轮番出现在电视节目中。在媒体看来，明星的一举一动都是新闻，他们的生活细节就是热点，到处都是绯闻。随着媒体的狂轰滥炸，青春期的孩子变得迷茫了。孩子们单纯地认为，明星就是成功，明星的行为就是正确的，把明星当成自己崇拜的偶像，而把五六十年代的英雄如雷锋、张思德、黄继光等全部抛到了九霄云外。

在中华民族的传承中，历来就把那些威武不屈、富贵不淫、忠诚坚强的人当作崇拜的偶像；或者把那些为国立功、为民请命、为社会作贡献的人当作偶像。古有屈原，今有雷锋；古有民族英雄岳飞，今有舍身堵枪眼的黄继光；古有刚直不阿、执法如山的包拯，今有一生都在平凡岗位上默默为人民服务的张思德。而现在的孩子们似乎早就忘记了他们。面对孩子疯狂的追星行为，甚至把明星当偶像的行为，作为父母，该如何引导呢？

心理支招

1.告诉孩子什么是值得崇拜的偶像

许多孩子喜欢明星的理由是"长得漂亮""帅气""歌唱得好""打扮得够时尚"，这些肤浅的认识，使他们轻易地将明星当成了偶像来崇拜。对此，父母要教育孩子："偶像值得崇拜的原因在于他为社会、为人类、为世界作出的贡献，在于他身上有值得我们学习的高贵品质。或许，他们身上并没有什么耀眼的光环，就跟我们一样，只是一个普通人，但是，他们的一生却不平凡……"

2.让孩子明白明星也有不足

在孩子追星的时候，父母要引导孩子学会一分为二、辩证地看待明星，让孩子知道，明星身上也有不足。提高孩子的分辨能力，引导孩子以理智的态度来面对明星。让孩子明白，明星也是人，他也有缺点，并非他说的每一句话都是真理，每一种行为都是对的。

3.帮助孩子树立正确的偶像观

榜样的力量是无穷的，每个孩子都需要有学习的榜样，以此来激励自己。父母要做的不是让孩子不再追星，而是让孩子树立正确的偶像观。可以建议孩子学习历史等各方面的知识，阅读一些人物传记，了解一些中外名人、伟人，熟悉更多的科学之星、艺术之星，发现身边的英雄、模范，学习平凡人身上的闪光点，激励自己做德、智、体、美、劳全面发展的好青年。

引导孩子正确认识青春时尚

家长的烦恼

一位母亲说：

我儿子正在上初二，个子不怎么高，他平时兴趣爱好很多，比如唱歌、玩滑板、跳街舞等。最近，我发现儿子越来越讲究穿着。他喜欢穿新衣服、新鞋子，那些旧的衣物则很少问津。他每天很早起来，不是学习，而是反复换衣服、照镜子，直到自己满意才出门。有时候上午穿了一套，下午还会再换一套。

前不久，他爸爸去外地出差，给他带回来一套三百多元的衣服，看上去挺时尚的。当时，儿子的眼睛都亮了，抑制不住兴奋地说："明天我就穿着去上学。"我说："你身上这套衣服是今天刚穿的，怎么换得这么勤？"儿子却对我说："妈妈，这是时尚，你不懂啦！"其实，儿子穿哪件衣服，我并不太在意。我比较关注的是他对穿着过于注重的行为以及背后的心理。他太热衷打扮，过分注重穿着，在同学们中太惹人注意，会分散他学习的精力。

通过这位母亲讲述的事例，不难看出，青春期的孩子随着自我意识的增强，他们变得"爱美"了，喜欢打扮自己了，已经懂得了什么是时尚与美丽。在青春期以前，大多数孩子的穿着打扮都是父母包办，父母买什么衣服，孩子就穿什么衣服。但是，孩子进入青春期之后，他们会把大量的精力和时间用来打扮自己，比如穿衣、发型等，热衷于追逐时尚与美丽。

雨果说："理想无非就是逻辑的最高峰，同样，美就是真的顶端。艺术的民族同时也是彻底的民族，爱美就是要求光明。"心理学家表示，那些懂得自我欣赏、追逐美丽的孩子，他们往往更自信、更乐观，更容易获得幸福与成功。孩子爱美是天性，这并没有错，但是，面对时尚潮流，则需要父母积极引导，帮助孩子树立正确的价值观。

心理支招

1.教会孩子认识美的本质

青春期孩子爱美、爱打扮是很自然的事情，无可厚非。但是，由于孩子们对美的本质认识还很肤浅，他们在追求美的时候往往会出现一些偏执倾向，比如，盲目节食减肥以保持苗条的身材，穿着打扮过分追求成人审美。他们追逐时尚、刻意修饰、矫揉造作，失去了孩子的纯真、健美和青春气息。对此，父母不妨告诉孩子："美的本质就是真实，你即使不打扮，也一样美丽，因为你纯真。相反，你若是过分打扮，反而失去了少年的纯真，是不美的。"

2.引导孩子正确对待"时尚潮流"

青春期的孩子追逐时尚，社会上流行什么，他们就追逐什么。对于孩子盲目追逐时尚潮流的现象，父母应该有一定的警惕心理。你可以告诉孩子："时尚其实就像浪潮，或许你认为现在流行的是美的，但过不了多久，它就被淹没在大海里，因为新的浪潮又打过来了，而你追逐时尚的过程，是一个永远没有办法停下来的过程。真正的时尚来自心里，而不是外在表现，就算你打扮得再时尚，你也不过是一个中学生。"引导孩子在面对时尚潮流的时候，要选择合适自己的，而不是盲目追逐。

孩子爱攀比，别人穿名牌自己也要有

家长的烦恼

几位中年妇女聚在一起聊天，不约而同地谈到了孩子追赶潮流的话题。一位母亲说："女儿今年上初二了，天天吵着要手机，我看许多学生都有，就答应了她。你猜她怎么说？说一定要买最新款的，不能比别人的差。"另一位母亲附和道："现在的孩子可爱攀比了，在吃、穿上处处和别人比较，他们把一半的心思都花在攀比上，哪有精力用功读书啊。"

一直沉默的王女士说："早上我刚看了一个新闻，说一个17岁的小伙子居然只为了买一个iPad，就去卖掉了自己的肾。我看到这个新闻时，真是被吓到了，现在的孩子一点儿也不让我们省心。""说到底，还是虚荣心在作怪。我家孩子也是，经常嘴里说的都是名牌衣服、名牌鞋子等，别人有的，他也要有，可我们有什么办法呢？孩子要，我们做父母的，还不是乖乖掏钱买。"一位母亲很无奈地说。

随着年龄的增长，心理上的成熟，许多青春期孩子意识到了"金钱"的重要性。除了平时学习，他们无时无刻不在感受"钱"带来的虚荣感。小小年纪的他们已经开始欣赏歌星、影星的风采，欣赏迪斯科的节奏，欣赏百万富翁的潇洒，欣赏同学过生日花钱多，欣赏同学的名牌服饰。如此种种的欣赏，其实就是在与他人攀比。

在比较中，孩子发现别人在某方面远远超过自己，就可能产生欣赏、羡慕的心理。当然，健康的欣赏可以激发积极向上的动力，而变调的欣赏则会演变成攀比，还有可能诱发不健康的行为。处于青春期的孩子已经开始用眼睛观察身边的一切，看到别人有的东西，他们往往不能冷静地分析"我是不是需要"

就急切地想拥有。

"再穷不能穷孩子"，这是曾经被广泛地刷在墙上、写在黑板上、挂在嘴边的一句话，本意是表达了调动一切社会力量办教育的决心。但现在，人们对这句话有了新的理解。许多父母自己省吃俭用，竭尽所能满足孩子的各种消费需求，却极大地助长了孩子们互相炫耀的攀比心理。孩子们盲目地追逐虚荣的生活，作为父母首先应该反省自己。

心理支招

面对孩子的攀比心理，父母应该如何引导呢？

1.父母要做好榜样

俗话说："大狗爬墙，小狗学样。"青春期的孩子有较强的模仿力，父母的一举一动都会给孩子留下深刻的印象。因此，父母应该做好榜样，从自身做起，理性消费，切忌在孩子面前与同事、朋友盲目攀比，以免影响到孩子的心理。

2.不要对孩子有求必应

许多父母存在着"再穷不能穷孩子"的思想，孩子想要手机，买；孩子想要名牌包，买；孩子想要电脑，买。如此对孩子有求必应，孩子想要什么就给什么，很容易让孩子产生过度的以自我为中心的心理并养成攀比的恶习，这不利于孩子心理的健康发展。

3.引导孩子理性消费

有的孩子只要看见朋友有了新的东西，他就想买，从来没考虑过那些东西是否真的适合自己，家里的经济条件是否能满足自己的要求。因此，父母应该经常对孩子进行勤俭节约、艰苦奋斗的思想教育，具体分析孩子的要求，合理的需求可以答应，不合理的就要果断拒绝，引导孩子正确认识盲目消费的弊端，使孩子冷静对待虚荣，消除攀比心理。

青春期的孩子喜欢追赶潮流

家长的烦恼

李妈妈向心理医生说出了自己的忧虑：

我女儿就读于一所重点中学，这半年来，性格温顺的她表现出了一些反常的行为，喜欢穿奇装异服，还经常和一些不三不四的人玩到深夜才回家。我当时很担忧，只好将女儿送到一所军事化管理学校去训练，想借此改掉女儿身上的坏习惯。

女儿从学校回来后，我和她的关系变得很僵，她故意不上学，故意和我作对。她觉得是我害了她，让她一个人在学校吃那么多苦，并且经常为这事跟我吵架。可最近一个月，她不和我吵架了，只是窝在家里一声不吭。我看过一些心理书籍，觉得她可能患上了抑郁症，我真的很担心她。女儿三岁的时候，我与丈夫因性格不合离婚了，我一个人带着女儿生活，这么多年我也一直没有再婚，这都是为了女儿啊。

对李妈妈所讲述的事例，心理专家说："大多数幼小的孩子在父母离婚后都是跟着母亲生活，而现代女性职业压力大，又带着孩子，生活就显得更加艰难。孩子在缺少父爱后，母亲对孩子往往过分严厉或溺爱。案例中的孩子喜欢穿奇装异服、举止怪异，其实就是因缺乏父爱而产生的叛逆行为。"

走在大街上，身着"奇装异服"的女孩子随处可见，这些孩子有的还只是初中生。她们刚刚进入青春期，就开始关注自己的外貌和打扮，她们希望自己成为万人瞩目的焦点。如此"非主流"的装扮，让许多父母很担忧，那到底是什么原因让孩子喜欢这样打扮自己呢？

首先，青春期的孩子追求个性、自由的生活，这是青春期心理的最大特征。基于这样的心理，孩子们开始喜欢穿怪异的衣服，希望自己能够与众不同。其次，他们想通过身着奇装异服来弥补内心的不安。心理学家认为："如果一个人界限感薄弱的话，除了感到与他人不同，还很难把握和他人之间该保持多远的距离。"许多孩子的内心极为不安，他们不确定自己的生活到底应该是什么样子，为了弥补心中的不安，他们故意穿着夸张的衣服，人为地与外界生活划清界限，以此来缓解内心的不安情绪。

孩子到了青春期，会产生强烈的自我意识，他认为着装打扮都是自己的事情，不允许父母干涉，更讨厌父母对自己评头论足。其实，孩子的选择无可厚非，或许奇装异服能让孩子们找到"特立独行""有个性"的感觉。孩子喜欢这样的服饰，其实是显示出心里的一种渴求。作为父母，在引导孩子的时候需要一定的策略，否则只会适得其反。

心理支招

1.了解孩子喜欢奇装异服的心理

孩子喜欢穿奇装异服，许多父母会产生疑惑，是孩子审美有问题还是自己落伍了？其实，父母应该了解孩子喜欢的东西，比如发型、头饰、服饰，弄清楚那些东西为什么吸引孩子，当你明白其中的原因之后，再跟孩子沟通自然就会有话题了。

2.引导孩子选择适合自己年龄、身份的装束

莎士比亚曾说："如果我们沉默不语，衣着和体态会泄露过去的经历。"你可以告诉孩子："如果你的打扮让人对你的身份产生不好的联想，那说明你的装扮很不合时宜。你无论是追求个性，还是追赶潮流，最好选择符合自身年龄、身份的装束，这样你才会更加美丽动人。"

3.鼓励孩子，帮助孩子找回自信

如果孩子特别在意自己的外表，那其实是不自信的表现，他们想通过奇

装异服来证明自己与众不同。对这样的孩子，父母应该多肯定、多鼓励、多赞扬，帮助孩子建立自信心。因为一个真正自信的人是不需要刻意证明自己的，更不会通过奇异的发型服饰来引起别人的注意。

青春期叛逆少年的摇滚乐

家长的烦恼

本来，孩子喜欢听歌是一种情趣，但是，一位父亲却为此担心起来。他对我们说："我儿子正上高二，平时最大的爱好就是听歌，以前我也没特别关注他的这些爱好，因为我对音乐也不怎么熟悉，也就喜欢听一点儿80年代的老歌。可前不久，我发现孩子经常躲在房间里听一些极具震撼力的歌曲，而且把声音开得很大，震得房间都一颤一颤的。我好奇地问孩子：'你听的都是什么歌曲啊？'儿子很得意地回答说：'摇滚，老爸，你没听过吧？快过来听听。'可能是年纪大了，听着那声音我的耳膜就受不了，儿子称这是重金属音乐，我也搞不懂其中的名堂。"

停了一会儿，那位父亲继续说："当时我也没太在意，觉得这个年龄段的孩子可能都喜欢听这类的歌曲。可儿子却说，班里仅有一两个同学喜欢听这样的歌曲。我很不理解，他却告诉我，音乐是很私人化的东西，能够真正喜欢音乐不容易，音乐不像电影，人人都可以看得懂。虽然儿子喜欢听摇滚乐，这可能不是什么大事，但是我对摇滚乐又不熟悉，担心儿子听了不好的音乐会影响他的心理健康，现在我也不知道该怎么办了。"

大多数父母对于摇滚只有一种模模糊糊的印象，可能他们一辈子也不会关注"摇滚"这个词。不过，走在大街上，经常会听到一些青少年在谈论摇滚乐，不难看出摇滚乐深受许多青春期孩子的喜爱。摇滚乐给人们带来的不仅仅是听觉上的冲击，更多的是对思想的影响。摇滚乐有积极向上的，也有消极低沉的；有大胆抨击的，也有掺杂着颓废因素的。因此复杂多变的摇滚乐是否适合青少年有待探讨，案例中父亲的担心也是很有必要的。

摇滚是一种精神，它主张自由，鼓励人们向传统观点挑战。通过摇滚，人们可以发泄自己内心的极度不满，揭露出社会的黑暗面，而且人类内心真正的痛苦、欲求也通过摇滚得到了真实的反映。在现实生活中，很多父母对摇滚持冷漠的态度，他们反对孩子听摇滚，担心孩子会被摇滚乐的不羁、冷漠所影响。其实，父母的观点是片面的，摇滚乐有各种不同的风格，每种风格都有不同的情感表达方式，并非所有的摇滚乐都对孩子有不利的影响。因此，父母要认真分辨孩子喜欢的摇滚风格，这样才能判断出摇滚乐是否对孩子有不利的影响。

喜欢摇滚乐的青少年，大多存在这样的心理：他们叛逆，反对世俗，和大家的观点想法不一样；心理敏感，很感性；内心深处在某方面很自卑，但对外表现得很自大，认为很多东西都不入眼；悲观，尤其孤独时更加失落；心胸狭隘，他们在表达感情或情绪时很直接，不太会顾及他人的感受；喜欢幻想，希望通过幻想来改变这个世界。

喜欢摇滚乐的孩子大多会把摇滚乐当作发泄心灵深处激情的出口。通过摇滚乐，他们可以尽情地追求自由，发泄心中的不满。青春期是一个充满挫折的阶段，孩子在追求独立生活的过程中，往往会遇到一些困难与烦恼。他们内心苦闷，又不愿意将心中的烦恼向父母倾诉。在这样的情况下，摇滚乐往往能引起孩子们的心理共鸣。

心理支招

1.引导孩子听内容和情调健康的音乐

有些流行音乐粗制滥造、过分伤感，假如孩子长期接触这样的音乐，会让孩子的情绪陷入低迷，甚至整个人也变得颓废起来。而好的音乐会使人奋发向上、激情澎湃。对于孩子的音乐爱好，父母可以用朋友的口吻建议他们多听积极、健康、向上的音乐，远离那些颓废、格调低俗的音乐。

2.对于摇滚音乐,父母应建议孩子慎重选择

美国科学家曾做过一些实验:在摇滚乐的作用下,植物会枯萎下去,动物会渐渐丧失食欲。而摇滚乐对人也有一定的危害,过大的音量会导致人的听力下降,精神萎靡,甚至还会诱发一些疾病。听摇滚乐对青少年来说是一种时尚,不过父母应建议孩子选择合适自己的摇滚乐,而不是盲目地追求所谓的时尚。你可以告诉孩子:"好的音乐才会激发你积极向上、朝气蓬勃、永不服输的斗志,使你的身心得到健康的发展,反之,只会影响你的身心健康。"

帮助青春期孩子克服虚荣心

家长的烦恼

张妈妈一直叹气:"没想到这孩子被虚荣心害成这样。"接着,她讲了女儿的事情:我女儿是一个活泼开朗、多才多艺的孩子。她读小学的时候,学习成绩优异,表现突出,是老师和同学公认的好学生。她连续六年被评为校级三好学生,三次被评为区级三好学生。在成绩、荣誉和掌声中成长起来的她,常常处于一种骄傲和满足的状态。

但升入高中之后,面对着众多的竞争对手,她失去了往日的那种优越感、满足感,不甘落后的她使出浑身解数,但还是不能如愿。上次期中考试,心高气傲的她对全班同学说:"这次考试我一定要考进全班前十名。"可是,当卷子发到她手上之后,她傻眼了,成绩并没有之前预计的那么理想。老师让她统计全班同学的各科成绩时,她自作聪明地偷偷改了分数,一下子进入了全班前十名。但是这件事很快被老师发现了,最后她被学校通报批评,还受到了处分。

自此以后,她的情绪受到了很大的影响,整天忧心忡忡,愁眉不展,在家里也是心不在焉,经常一个人望着窗外发呆。

虚荣心是指过分爱面子、贪图追求表面光彩的不良心理,是思想作风不扎实、心理素质不高的直接表现。虚荣心是自尊心过强的表现,是为了取得荣誉和引起普遍注意而表现出来的一种不正常的社会情感,是一种扭曲的心理现象。

生活中讲面子的心理会让人变得虚荣,这是可以理解的。每个人都喜欢面子,尤其是青少年,他们处于人生的成长阶段,心理很敏感,适度的虚荣不会对他们造成伤害，反而会促使他们上进。但是，有的孩子会羡慕别人的东西，比如名贵服饰，最后给自己增添一些麻烦。

虚荣心对处于青春期的孩子来说是一种可怕的心理，有强烈虚荣心的孩子在其成长过程中会出现种种问题，具体表现为：为了满足自己的虚荣心，常常撒谎、情绪波动很大、学习不认真、缺乏意志力等。有的孩子总是在同学们面前炫耀自己在物质生活上的富足，一味地赶时髦、讲究吃、讲究穿、讲究用，还有的不顾家里的经济情况，盲目地与同学攀比，追求品牌。其实，孩子有这样的行为，就是虚荣心在作怪。

心理学家认为："虚荣心是以不适当的虚假方式来满足自尊的一种心理状态。"所以，父母一旦发现自己的孩子产生了虚荣心，不要置之不理，而要采取适当的办法纠正孩子失衡的心理。

心理支招

那么，父母应该怎么做才能让孩子丢掉虚荣心呢？

1.引导孩子树立正确的荣誉观

只有孩子树立了正确的荣誉观，才会激励自己不断进取，不断奋发向上。父母不妨这样告诉孩子："同学们吃大餐、穿名牌、坐名车并不值得你羡慕、嫉妒，因为这不是一种荣誉，只有你的品行端正、学习成绩优异才是一种荣誉，应该让同学们羡慕你才对。"

2.鼓励孩子自食其力

当孩子为了虚荣心而攀比的时候，你可以告诉孩子："不是不可比，而是要通过自己的劳动去创造。"比如，孩子跟别的孩子比手机的档次，父母可以鼓励孩子自己打工攒零花钱购买手机。这样不仅解决了孩子盲目攀比的难题，还让孩子形成了节约意识，养成了动手动脑、发明创造的习惯。

青少年为什么喜欢追星

家长的烦恼

一位颇具智慧的母亲向我们讲了这样一个故事：

我女儿正在上初中，她很喜欢周笔畅，还参加了学校里组织的"笔迷"团来支持心中的偶像。她房间的墙壁上贴满了周笔畅的海报，嘴里经常说的都是"周笔畅怎么了"，而且回到家还鼓动我和她爸爸为周笔畅投票。我觉得孩子追星太疯狂了，好像有点儿过头了，但是我并没有责备孩子，而是想弄清楚她到底喜欢周笔畅些什么呢？

我开始跟孩子一起听周笔畅的歌，我对女儿说："让我也听听，我女儿喜欢的歌手一定有她的过人之处。"女儿异常兴奋，并滔滔不绝地说了起来。我认真听了周笔畅的歌，唱功果然好，感情也很真挚。我还了解到周笔畅高考成绩是681分，当年是广东省的第二名，她大三就过了英语六级，是个全面发展的才女。我心中一动，找到了切入点。我和女儿共同探讨了周笔畅成功的原因，引导孩子在欣赏周笔畅多才多艺的同时，学习周笔畅为成才而付出艰辛和努力的精神。在我的引导下，女儿学习比过去更认真了。为了对女儿进行深层次的教育，我还主动给女儿买周笔畅演唱会的票，这样一来，女儿更信赖我了。而我也借机给女儿讲了许多关于追星的道理。渐渐地，她懂得了喜欢一个明星，还需要看到和学习明星身上的闪光点。

案例中的母亲确实是一位了不起的母亲，她懂得尊重孩子、理解孩子。在了解孩子追星的过程中，她巧妙地通过明星的榜样作用，激励孩子成长进步。青春期的孩子追星是普遍现象，他们心理不成熟，容易盲目崇拜，行为情绪化，在追星的狂热之下，很容易失去理智，出现疯狂的行为。如此的追星行为会严重影响孩子的学习和身心健康，面对这样的情况，父母应该加以重视，积极引导，让孩子学会欣赏偶像的内在美。

"追星"行为是指青春期孩子过分崇拜、迷恋影视明星和歌星的行为。心理学家表示，崇拜偶像是青少年时期的重要心理特征之一，是青春期心理需要的反映。而青春期孩子"追星"的心理是多方面的：

替代满足心理：青春期孩子的性意识日益发展，他们对异性的情感也日益丰富。这让他们开始幻想自己恋人的形象，由于条件不成熟，渐渐地，他们把对异性的幻想转移到明星身上，以此获得满足。

从众心理：青春期的孩子追逐时尚。在这一时期，孩子们有较强的好奇心和模仿力，他们喜欢标新立异，追赶时髦。一旦时尚潮流袭来，他们就会极力模仿，希望自己不要落伍。而明星则是创造时尚、领军潮流的代表人物，自然就成为青春期孩子追逐、学习的目标。

炫耀心理：一些孩子刻意模仿明星们的作风，收集明星的资料，并把这些作为与同龄孩子交谈时炫耀的资本，以此抬高自己的身价。一些对明星了解较多的孩子，他们在谈论这些的时候，往往会获得一种自豪感、满足感，觉得自己很有面子，在同伴面前很有地位。

教育家孙云晓说："我们每个人都有自己的偶像，父母也一样，所以父母千万不要嘲笑孩子的偶像。"青春期的孩子需要引导，在追星方面更是如此。

心理支招

1.利用孩子追星，巧妙发挥"名人效应"

孩子对明星的崇拜心理、移情心理就是"名人效应"产生的心理基础。在家庭教育过程中，父母可以利用孩子喜欢某某明星的心理，巧妙地激发出"名人效应"。比如，你希望孩子改掉某些坏习惯，就对孩子说："你知道吗？你喜欢的某某明星以前也像你这样，但他后来改掉了自己的坏习惯，现在就成为

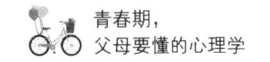

大明星了。"孩子听了，就会以明星为榜样，自觉改掉坏习惯。

2.跟着孩子一起"追星"

喜欢娱乐是孩子的天性之一，孩子追星体现了一种天真的想法。如果看到孩子追星，父母采取扔掉明星的CD、撕掉明星的相片等粗暴的做法，非但不能让孩子回头，反而会激起孩子的逆反心理。父母只有了解孩子所喜欢的"明星"，才可以与孩子谈"明星"。而父母对"明星"的一些客观评价，对孩子的价值观往往能起到潜移默化的作用。

第9章

多变的青春,引导孩子成为快乐的人

青春期的孩子正处于人生的岔路口,他们有着敏感的内心,这种敏感存在于他们周围的每一个角落,他们可能动不动就发脾气、焦躁不安、伤心等,此时,父母决不能用暴力语言去激化矛盾,而应该扮演"消防员",放下架子,主动和孩子聊天,了解他们的心理状况,如果发现问题,最好以建议的方式引导他们,通过关爱给予孩子稳定感,帮助孩子缓解青春期的不良情绪。

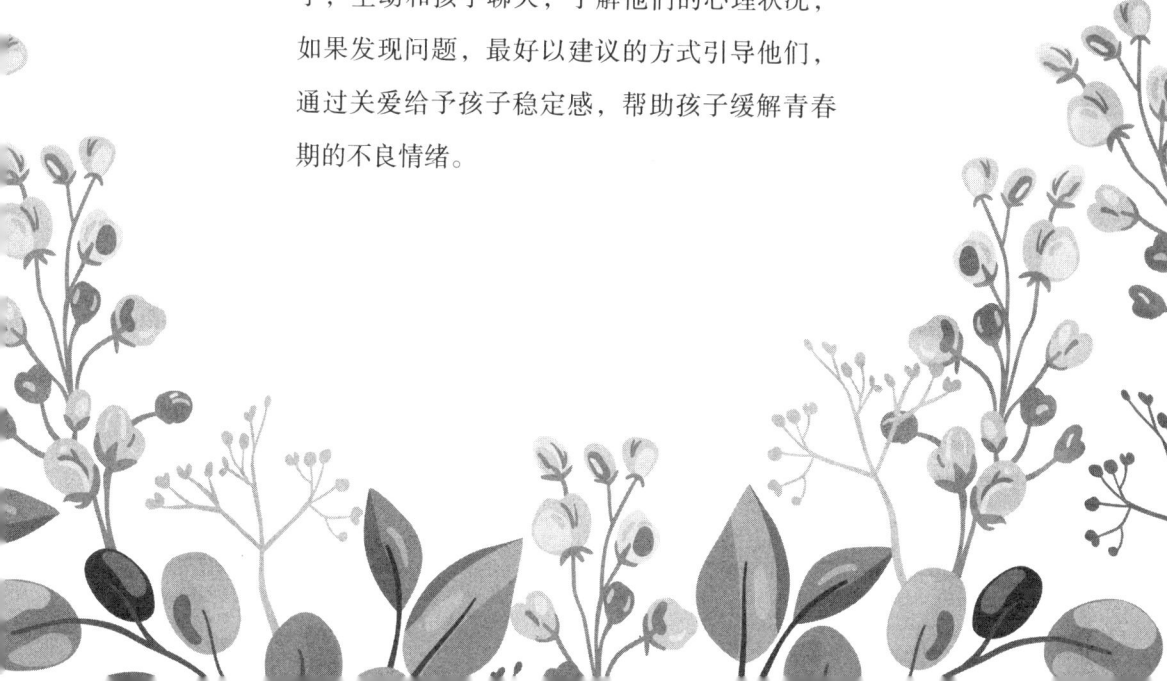

虚荣心让孩子爱上了攀比

家长的烦恼

案例一：

邱先生有一个幸福的家，女儿苗苗出生后，妻子辞去工作，专门在家带孩子。虽然家里条件一般，但妻子总是尽力满足女儿的要求，将女儿打扮得像小公主似的，邻居阿姨也常常夸苗苗漂亮、乖巧。上学以后，苗苗一直是一个品学兼优的孩子。可是升上初中后的一天，邱先生看见苗苗和小区里几个同龄孩子在一起聊天，都说着自己去哪里玩过，这时，苗苗突然夸海口道："我爸爸带我去日本旅游了，我看到了好多没见过的鱼……可好玩儿了。"邱先生大吃一惊，我们从来没去过日本，这孩子怎么撒谎呢？

案例二：

"爸爸，以后你接我放学时将车停远点儿，我自己走过去就可以了，你那辆车早过时了，同学们看见了会笑话的。"听到11岁的儿子说这样的话，王先生气得真想给儿子一记耳光，可他还是忍住了。"真的很心痛，儿子竟然嫌弃自己家的车不好，觉得丢人。"王先生决定以后不再接送儿子，让他自己坐公交车上下学。

有专家表示，青春期的孩子都有攀比心理，也就很容易产生虚荣心，这是孩子心理发育过程中的正常现象，引导好了，可以转化为进取心，帮助孩子积极进取。如果不加重视，任其发展，孩子会变得心浮气躁，很难脚踏实地，长大后也可能喜欢弄虚作假，沽名钓誉。

处于青春期的孩子，在知识经验的不断积累中，世界观、价值观开始建立，对许多事情已经有了自己的见解，在与同龄人交往的过程中，喜欢做第一，喜欢领头，希望得到大家的认同和喜欢，自然也就产生了与周围人攀比的心理。此外，"爱面子"是人们普遍存在的一种心理，这些都会影响孩子成长。

孩子有问题也有家长的原因，有的家长常常会无意识地在孩子面前显露虚荣的言行，比如，拜金主义，一切用钱摆平，与地位高的人交朋友，看不起普通人等，这些都会潜移默化地影响孩子。

通常来说，孩子们会通过以下几种方式来显示自己：

1.比物质，比外在条件

这一点往往在那些学习成绩较差的孩子身上体现得更为明显。学习上比不过别人，他们就比物质、比外在条件。

"我的孩子自上初中后，除了学校规定的校服，他穿的几乎全是名牌，买普通的衣服，他根本看不上，还说同学之间有比较，穿得太寒酸会被人家笑话。"一位母亲向学校老师诉苦：她和老公经营着一家小公司，平时管理孩子的时间少，每周都会给他100元零花钱，可儿子每周都会透支，还要求多给点儿。经过她仔细观察，原来儿子很"好客"，常请同学吃东西。这位母亲还说："前段时间，他又看中了一款新手机想让我买给他，我没答应，他就跟我生闷气。我常常教育孩子不要铺张浪费，儿子不听，还说'我就喜欢名牌'，这让我很头疼。"

2.比学习

孩子在学习上有竞争意识固然很好，但如果把成败看得太重，就很容易走上为了成功而不择手段的道路。

一般来说，学生间争强好胜，相互之间攀比心强，对成绩的好坏看得很重。现在大多是独生子女，以自我为中心，往往不能平等地对待同学之间的各种竞争，一旦在自认为强项的方面出现强过自己的同学，就会心理不平衡。为防止别的同学超过自己，就天天争分夺秒地学习。由于长期处于紧张状态，时时害怕别人超过自己，反而在学习时不能集中思想，不能坚持正常学习。

那么，作为家长，该如何引导孩子正确看待竞争呢？

心理支招

（1）家长应该告诉孩子，一个人只有通过劳动努力获得的东西，才是值得人尊重的，名牌并不是较高地位的象征，只是表明消费水平高而已。

（2）创造一些家务劳动的机会，让孩子自己挣钱购买所需要的物品。

（3）家长要摆正心态，以身作则，不盲目追求物质享受，给孩子做出好的榜样。

（4）教育孩子根据自己的需要买东西，不应盲目地攀比，让孩子学会理性消费，学会理财。

（5）引导孩子正确看待得失、成败。要让孩子明白，学习好并不代表一个人就是成功的。好孩子应该在德、智、体、美、劳各个方面全面发展，只要努力，结果并不重要，要看重过程，看淡结果。

（6）对于孩子的无理要求一定要坚决拒绝，不能妥协让步。

（7）有时间的话，可以带孩子去福利院或者社区参加志愿活动，在帮助别人的同时建立起正确的价值观。

孩子面对压力，情绪容易爆发

家长的烦恼

近日，家住广州的王女士带着女儿来北京某著名心理诊所就诊，女儿小樱在广州某区重点中学读初三，学习成绩在班级一直名列前茅，这让学校老师和父母感到很欣慰，但随着中考的临近，小樱的情绪发生了很大的波动，心情紧张、抑郁，莫名的烦躁令她经常发脾气，甚至产生了厌学的情绪。后来，小樱的身体也出现了一些异常，她感到无精打采，周身乏力，小腹坠痛，月经紊乱。小樱这些症状让王女士意识到了问题的严重性，千里迢迢来求助心理医生。

心理医生说，心情烦躁、动辄发脾气是因为压力大，无处宣泄，实际生活中，像小樱这种情况在青春期的孩子中很常见。孩子到了青春期，除了要承受身体发育带来的烦恼，还必须面临残酷的升学竞争，而家长对孩子往往寄予厚望，这就在无形中给了孩子很大的压力，容易造成孩子身心负担过重，继而产生厌学情绪；加之有的学校为了提高学生成绩，让孩子每天学习长达十几个小时，正常的饮食、休息得不到保障，久而久之，很容易造成孩子营养缺乏，过于疲惫，精神萎靡，体内正常的生物规律被打乱，导致内分泌失调，继而出现烦躁不安、月经失调等一系列症状。因此，心理医生建议，家长应根据孩子的具体情况，科学合理地安排孩子一日生活的作息时间，以平常心看待成绩。

平时我们在和孩子交流、沟通的时候，一定要了解孩子烦躁的原因，接纳孩子的情绪，采用恰当的引导、教育方法，帮助孩子正确认识信念在情绪产生中的决定性作用，使孩子树立主宰自我情绪、摆脱情绪困扰的信心。总之，帮助孩子缓解学习压力，既要治标，也要治本。

心理支招

1.转变教育观念与思想，消除孩子学习上的"压力源"

要想消除孩子的"压力源"，父母就要破除"成功唯有上大学一条路"的思想，认真思考孩子的兴趣爱好，和孩子一起精心设计他的成才之路，对于存在学习障碍的孩子，要在科学分析的基础上敢于另辟蹊径。

2.教会孩子化解心理压力

化解压力的方法主要有以下几种：

哭泣法：内心郁闷时，想哭就哭。曾有个关于哭泣的心理学实验，在被测试者中，有87%血压正常的人称自己偶尔会哭泣；而那些血压偏高或者是高血压患者则称自己从不哭泣。实验也证明，哭泣是一种有效宣泄内心不良情绪的好方法。

心理暗示法：比如，你可以告诉孩子在面临巨大心理压力时这样想象，"天气很好，我和爸爸妈妈躺在公园的草坪上""湖面很平静，岸边的柳树随风摇曳身姿"等，都可以在短时间内放松、休息，并恢复精力。

分解法：让孩子把在生活中遇到的各种压力与困难都写出来，并把它们编号，当全部写出来的时候就会发现，只要一个一个解决，其实也没什么大不了。

3.要下大力气解决孩子的学习动机问题

学习动机是孩子学习的根本动力，随着年龄的增长，孩子只有不断地认识到学习目的中的社会性内容，才会有源源不断的、持久的学习动力。

一些家长爱用"将来没饭吃""不读书一辈子干苦力"等话数落孩子，既没有给孩子讲道理，又没有直接启发孩子的具体实例，往往不起任何作用。

其实，兴趣才是最好的老师，孩子的学习也是如此，只有让孩子真的爱上学习，他们才能化压力为动力。因此，家长要注意经常鼓励孩子，激发他的兴趣，潜移默化地向他灌输社会性理想，帮助他将目光投向社会、世界和未来。

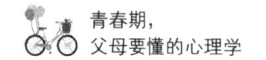

4.家长要特别重视孩子良好学习习惯的养成

学习压力大的问题大多出现在那些学习困难、成绩不理想的孩子身上，但这不是孩子的智力问题，而是没有养成良好的学习习惯，例如，上课不认真听讲、注意力不集中、缺乏耐力和持久性、做事敷衍了事等。

因此，我们要注意从小培养孩子良好的心理素质，用日常生活、游戏、写作等方式有意识地训练孩子的注意力、较长时间专注一件事的习惯和严谨认真的为人处世态度。

5.切实帮助孩子解决学习上的问题

很多父母关心孩子的学习情况，只是把眼光放在孩子的成绩上，而没有认识到孩子有时候也需要家长的辅导与帮助，有的孩子因为某一个问题没弄明白，一步没跟上则步步跟不上，渐渐地失去了学习的信心和兴趣。所以家长要想真正关心孩子，就要注意他是否跟得上学习进度。有条件的时候每周都要和孩子一起作总结，发现哪里出现了问题就要及时补上，必要的时候，还可以请老师予以专题辅导。孩子在学习上的困难得以解决，学习兴趣必然能够得到提高。

而对于学习压力过大，已经明显表现出病态心理和行为的孩子，要积极求教心理咨询和治疗机构，在专业人员的指导下对孩子予以科学的辅导，逐步帮助孩子及时得到积极矫正。

缓解孩子的学习压力是个社会性问题，需要全社会的共同努力，但是家长负有最直接的责任。因此，为了孩子的健康成长，每一个家长都要格外关注和努力。

孩子为何偏偏不服老师的管教

家长的烦恼

陈先生五年前离婚了,那时候女儿小玲才8岁,转眼女儿已经上初二了。都说单亲家庭的孩子难管教,陈先生现在已经体会到了。小玲在学习中严重偏科,语文和英语两门功课都能考到高分,甚至经常得第一名,但对数学却一窍不通。小玲也懂得"学好数理化,走遍天下都不怕"的道理,但就是对数学不感兴趣。通过了解陈先生才知道,小玲不爱学数学的原因是不喜欢数学老师。

学生大都被老师管教过,原因不外乎上课不听课、打架、考试成绩差等,但很多青春期的孩子都会出现不服老师管教的情况,这是为什么?

1.逆反心理

青春期到来后,随着生理上的变化,孩子们的心理也会产生强烈的变化。自我意识的增强,开始让他们逐渐认识到一个不同于儿童时代的"我"。他们会觉得自己是父母、老师的"附属品",甚至连他们的个性似乎也是父母长辈们造就的。认识到这一点以后,他们开始渴望与原先的自己、与对父母的依赖决裂,要求独立、自主,寻求真正的自我。因此,老师管教他们,他们就会觉得是在束缚自己的个性,于是,为了发泄自己,便会产生逆反心理。

2.老师"不恰当"的管教

这里的"不恰当",一般指的是老师对学生的误解,例如,误认为孩子偷东西了,或者片面地认为孩子是挑起打架事端的一方。

另外,很多中学老师还沿用小学时候的"保姆式"管教方式,但青春期的孩子渴望独立,很容易对老师的这种教育方法产生反感和抵触情绪。

3.繁重的课业负担

青春期的孩子多数都进入中学，学习强度要远远大于小学。课程增加、科目繁多、难度增大、课时加长、作业增多，如果跟不上这种强度的变化，也会让孩子对老师产生逆反心理，不服老师的管教。

学习是孩子生活中最主要也是最重要的内容。孩子如果长期不服老师的管教，甚至出现一些负面情绪，很可能会对学习产生厌烦情绪，甚至厌学。因此，我们一定要做好孩子的心理疏导工作。

心理支招

1.保持平静，即使孩子已经燃起怒火

青春期孩子易怒、易激动，看到孩子把坏情绪带到家中，家长要给其发泄的机会，不应该硬性压制。要避免争吵，争吵只会激化矛盾。

2.创造温馨舒适的家庭气氛

孩子觉得被老师管教和惩罚是件很丢人、很伤心的事，所以家长要想方设法地安慰他，并为其营造温馨舒适的家庭氛围，让孩子感受家庭的温暖。你可以轻轻地问问孩子："看得出来，今天你受委屈了，能跟妈妈说说吗？"这句话，会让孩子感受到你的关心和理解。

3.和老师取得联系，弄清事情原委

如果孩子犯的错误是做作业不认真或者上课开小差等，该批评的还是要批评；而如果孩子违纪或者做出一些性质比较恶劣的事，就需要家长更加注意，密切观察孩子的举动，以防孩子走上歧途。

总之，对于青春期的孩子，生活中的一点一滴都可能触动他们敏感的神经，家长一定要对孩子多加关心，及时帮助孩子疏导那些不良情绪。

自卑的孩子喜欢发脾气

家长的烦恼

王女士心宽体胖，自信、开朗、人际关系很好，大家都愿意和她来往。有一天下班后，她来学校接女儿，看到一群男生在讥笑讽刺女儿：

"小胖妹，又矮又胖，将来嫁不出去的。"

"这么胖还穿紧身衬衫，我都看到你肚子上的'救生圈'了。"

"龙生龙，凤生凤，老鼠的儿子会打洞，好像你妈也是胖子吧。"

听到这话，王女士的女儿真的生气了，她捡起地上的木棍，扔向这些男生。看到这一幕，王女士紧走几步，准备拉女儿走开，没想到女儿却对她说："都是你的错，把我生得这么胖，才会被同学们笑话！你滚开！"女儿发脾气的样子，让王女士很震惊。

"难道是我错了？"王女士一头雾水。

其实，和王女士的女儿一样，很多青春期的孩子心里都住着一个魔鬼——自卑。我们通常认为，那些自卑胆小的孩子脾气会更温顺、更听话，但事实往往相反，每个青春期的孩子都是敏感的，那些自信、情绪外显的孩子，他们更善于抒发内心的情感，懂得自我排解不良情绪。而那些自卑、内向的孩子，他们会把内心的不快郁结在心里，当自卑处被触动到的时候，他们的脾气就会爆发出来，甚至一反常态。

青春期孩子大部分时间都生活在集体中，很容易拿自己和周围的朋友、同学比，当自己的某一方面不如他们的时候，自卑感就油然而生，他们会把这种不如人的想法积压在心中，甚至不愿意与朋友、同学相处。因此，他们很敏感，抱有

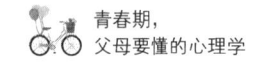

很大的戒心和敌意，不信任别人，芝麻绿豆大的小事也会引发一场轩然大波。

到底是什么原因使得他们自卑呢？

1.学习成绩不如别人

有些孩子因为学习成绩差而过分自卑，对自己没有信心，经常为自己的成绩或其他方面的不足而苦恼，心理敏感脆弱，有时会因此离家出走，甚至会产生轻生的念头，尤其是在考试前后、作业太多或学习遇到挫折的时候。

2.物质条件不如别人

有些孩子，家庭条件不好或者来自单亲、离异家庭，他们会认为自己矮人一截，生怕被同学、朋友笑话，久而久之，自卑心理也就产生了。

3.身体缺陷

当身体存在缺陷或不足，如身材矮小、相貌丑陋、听视觉障碍、骨骼畸形等，孩子会心生自卑感，觉得自己是个"异类"，常常独来独往，不愿与人交往，害怕被人指指点点、说三道四。

作为家长，我们该如何帮助孩子消除自卑心理呢？

心理支招

1.鼓励孩子以自己的方式追求自我

青春期的孩子都标榜个性张扬、个性解放，他们有自己喜欢的发型、音乐、明星、服装等，有自己的审美眼光。但父母看不惯孩子这种表达个性的方式，认为孩子的行为是在哗众取宠，无法理解孩子。而实际上，这是孩子表达内心世界、疏导青春期不良情绪的一种方法，如果家长加以压制，表面上看孩子会听话、懂事，但实际上他们会觉得自己落伍了、掉队了，很容易滋生自卑心理。例如，别人无意地说一句"你穿的衣服真土"，孩子就会怀疑自己的穿衣品位和审美眼光，有的孩子还会产生郁闷、愤怒等情绪。

2.教会孩子掌握一些消除自卑心理的方法

每个孩子身上都有自己特有的优点和潜能，要教会孩子懂得自我发现并发挥出来，使他自信起来。父母不妨告诉孩子以下方法：

想一想：对于挫折，你要换个角度来想，挫折和失败是对人的意志、决心和勇气的锻炼。每个人都是经过了千锤百炼后才成熟起来的，重要的是汲取经验教训，不犯或少犯重复性的错误。

比一比：敢于与同学、好友相比，不能只看到自己的缺点和不如别人的地方，你要这样想："我虽说比上不足，但比下有余。"要及时调整心态，以保持心理平衡，不因小败而失去信心，不因小挫折而伤掉锐气。

走一走：到野外郊游，在大自然中走走，散散心，极目绿野，回归自然，荡涤一下胸中的烦恼，清理一下浑浊的思绪，净化一下心灵的尘埃，找回失去的理智和信心。

作为家长，如果我们总是用消极的心态对待一切事情，那不但什么事情都做不好，还会使自己产生无能、绝望的情绪。所以，家长也应引导孩子遇事多向积极的方面考虑，用乐观的心态看待一切事情。

内心胆怯的孩子缺乏信心

家长的烦恼

市里最近要举办青少年小提琴大赛,黄女士听到这个消息后,就给女儿报了名,她相信女儿一定能拿到奖项,因为女儿从小学习拉琴,是学校最好的特长生。但在比赛的前一天晚上,女儿对黄女士说:"妈妈,我不想参加了。"

"为什么?"

"我怕得不上名次给您丢脸,还不如不参加。"

"你怎么这么不自信?"黄女士有点儿生气了。

"因为您经常说我没用,如果这次没得奖,您肯定又会这么说。"听完女儿的话,黄女士若有所思,意识到是自己在不经意间伤害了孩子的自尊心。

很多人会问:"对人一生产生影响力的因素中,谁的作用最大?"毋庸置疑一定是父母。这个案例再次证明了这一点:黄女士经常做出的否定性暗示,让女儿认为自己"一定做不到"。美国的一部情感纪录片显示,一位父亲无意中的一句话,不仅影响了女儿青春期审美观的形成,还影响了她的婚姻质量。上海青少年心理研究所专家支招:无论是表扬还是批评,父母一定要选择得当的教育语言,因为真的会影响孩子一辈子。

同样,有些青春期的孩子会不自信、胆怯甚至自我否定,这些都和家庭教育有一定的关联。常常听到家长说:"你看某某的学习多么自觉,从来不用父母操心,你为什么就这么不让人省心。我用了那么多办法,花了钱请家教,你的成绩怎么还是上不去?"亲子关系研究者认为,即便是出于对事实的抱怨,家长的态度也会让孩子相当敏感。久而久之,他们便会认为自己"真的没用"，从而变得不自信、消极、胆怯等。

有少数孩子能在打击中越挫越勇，最后形成优秀品质，但是大部分孩子如果长期接受父母的直白抱怨和消极评价，他们的自信心和自尊心都会受到严重的伤害。一位心理医生非常痛心地讲述了这样一种现象："很多家长为了孩子的问题来找我，当他们绘声绘色地描述着孩子的不良行为时，孩子就站在旁边满脸沮丧地听着！"这就是很多孩子不自信的原因所在。

那么，父母该如何帮助青春期的孩子正确认识自我、树立自信、变得勇敢积极呢？

心理支招

1.注意你的教育语言

绝对不能对孩子使用的话语：

"你为什么就不能像谁谁。"孩子被拿来和同龄人做对比，很可能增加他们本能的敌对情绪，甚至耿耿于怀。

"你真不懂事。"原本孩子做事就缺少信心，这样的话更易刺伤他们，使他们越发缺乏自信，从而导致事情越做越糟。

"你真笨。"这绝对是最伤孩子自尊心的话，孩子自卑、孤僻、抑郁、堕落都可能是由这句话造成的。

……

2.可以将批评与肯定结合起来

"你平时的作文写得还不错，可这次的作文却不怎么好。""如果你再写上几篇这么糟糕的作文，你的语文就别想得到'良'。"虽然这两个批评所表达的意思是一样的，但前者更容易被孩子接受。

当孩子缺乏信心或失去信心时，父母可以适时对他说"嗯！做得不错。"或"想必你已用心去做了！"等表示支持的话语，鼓励他："如果能再稍微注意一点儿，相信下次可以做得更好。"这种积极的、有建设性的态度，才能使孩子不断进步，更加有信心去与父母沟通。

3.帮助孩子找到长处

家长永远是孩子的坚强后盾，当孩子遭受失败时，我们有责任鼓励他，教会他怎么克服困难。告诉孩子，任何人都有长处和短处，只看到自己的短处而不懂得发挥长处是不行的。

有的孩子有音乐天赋，有的孩子有绘画天赋，有的孩子能言善辩……干什么不重要，重要的是孩子喜欢。父母不妨鼓励他发展自己的兴趣爱好，谁说爱好不能成为技能呢？专注或擅长一件事情能帮助孩子建立自信心。

自信对于孩子的智力发展影响很大，父母一定要重视，帮助孩子重建信心，正视自己，提升孩子的智力发展，使他们健康成长。

父母越是唠叨，孩子越是叛逆

家长的烦恼

在一次家长会上，很多家长都提出，孩子到了初中后脾气就变坏了，父母的话根本听不进去，甚至还公开和父母顶嘴。

"女儿上小学时很懂事乖巧，叫她做什么就做什么。自从上了初中就跟变了一个人似的，总嫌我唠叨，我多说一句，她就厌烦，甚至摔门走开。我为她做了这么多，她还不领情！"

"儿子13岁，年前还是个很听话的孩子，过了春节就变了，学习成绩急剧下降，偷着上网吧，跟不好的孩子玩，作业也不做。我现在处处监督他，可是越管越不听，特别逆反，老跟我顶嘴，和我对着干。求他也不是，骂他、打他也不是。我没招了！"

孩子到了青春期，很多父母都有这样的困惑。他们最不理解的就是，为什么孩子现在的脾气这么大？到底是什么原因？其实，作为父母我们应该反思自己，学会换位思考，如果你处在青春期，每天面对唠叨的父母，你会怎么样？

实际上，我们家庭的第一大杀手就是"唠叨"。有个班级曾经进行过调查，询问孩子最讨厌家长的什么行为。孩子一致认为就是"唠叨"，认为家长唠叨个没完没了，一点儿意义也没有。孩子有自己的想法，需要家长去聆听。有时候他想说的事情并不大，只是想找个对象倾诉一下，把内心的烦躁说出来，这个时候家长的唠叨反而激起了孩子的厌烦情绪。

这里说的聆听，是需要家长用心去聆听，用心去感受孩子成长的变化，合理地引导孩子。好的教育是让自己的教育方式适应孩子，而不是让孩子来适应你的教育方式。不要认为自己的教育方式总是正确的，孩子小的时候，处于弱势，没有拒绝的力量和抗拒的能力。到了青春期，孩子就敢于对家长说"不"，敢于"抗旨"，这使得家长感到困惑、生气、抱怨、伤心……

心理支招

1．"五分钟后再谈"

任何教育方法的前提都需要父母能够控制住自己的情绪。在气头上的父母，怎么会有能力、有智慧运用良好的方法呢？

"五分钟后再继续谈"，面对孩子的事情，给自己留五分钟的冷静时间，冷静下来，你会发现其实没什么大不了。孩子走进青春期，需要父母用耳朵、用心去倾听孩子、理解孩子。

2．做出一些让步

让步可以在很多时候表明你欣赏孩子的成熟，并且意识到他对更多自由和自主的需求。

但有两点要把握：

（1）可以商榷的：那些不影响学习、不涉及孩子的生活质量和生活习惯的要求，就是可以商榷的。比如，睡觉时间、发型、衣服的样式，这些可以商榷并达成协议。

（2）不可以商量、妥协的：不符合以上原则的，就是不能商榷的。比如，孩子不做作业、抽烟喝酒等，就绝不能妥协。即使孩子与你争吵，你也不能因害怕破坏与孩子间的关系而一味地妥协让步，而应该通过规定限度与制定标准来规范孩子的行为。

事实上，即使父母的规矩不多，他们也不会得到青春期孩子的"较高评价"。父母可以通过交流与让步避免强烈的冲突，但必须共同制定一些标准，这是让孩子学会自律的主要方式之一。

3.契约法

父母之所以唠叨，孩子之所以发脾气，都是因为在某些问题的看法上没达成一致。于是，孩子还是继续挑战父母的极限，他高举着"我进入青春期了，我要……"的大旗；规定晚上8：30之前回家，但是孩子总是违规，少则9点，多则10点多。面对这样的孩子，你该怎样办？我们可以采用契约法：如果你是一个事必躬亲的家长，对孩子的饮食、起居、学习、情感都想掌控，那么你必须做出一些改变。

新学期一开始，陈新为了能让唠叨的妈妈"收敛"点儿，想出了一个好主意——准备了一份合同。这天，当妈妈在吃饭的时候又说些老生常谈的话题时，陈新放下筷子，站起来郑重地说："妈妈，咱们签份合同吧！"

合同的内容是：

（1）以后妈妈不能在吃饭时间问儿子的学习情况；指导作业时，妈妈不许发脾气，不许敲桌子，要耐心讲解；周末给儿子放松时间，不能硬性规定9点必须睡觉。

（2）儿子要主动跟妈妈谈心，不乱花钱，不瞒着妈妈做事情，每天洗自己的碗，叠自己的被子。

（3）合同有效期：本学期。

母子俩都签了字，然后按照协议行事。很快，母子间关系的紧张感消除了。妈妈不在吃饭时间问这问那；陈新的变化也很明显，不乱花钱买玩具，按时写作业，还承担了扫地的家务。

其实，"契约教育法"的秘诀就在于：孩子的行为一旦约定俗成，家长就不用三令五申，只要照章考核孩子的行为就行了。它可以帮助孩子自我约束，建立良好行为，父母省去了许多说教，亲子之间的情绪冲突大大减少，孩子也学会了自主管理。

总之，孩子因为父母的唠叨发脾气，家长就要在教育方法上作出调整，该放手时要放手，教会孩子去为自己负责，该信任的时候要信任，给孩子锻炼的机会，这样才能让孩子在体验中成长。

孩子为什么总容易发怒

家长的烦恼

一天,欧太太正上着班,就被儿子老师的一个电话叫到了学校。原来儿子在学校闯祸了,可是令她不解的是,儿子一直很乖,连和人大声说句话都不敢,怎么会闯祸呢?

原来是班上有些男生挑事,说欧太太的儿子小强是"胆小鬼"。老师告诉欧太太,班上传言小强喜欢某个女生,但一直不敢说,这些男生知道后,就拿这件事嘲笑小强。而小强则因为这件事很生气,于是大打出手,体型高大的他把这几个男生都打得鼻青脸肿。

"我的孩子怎么了?"欧太太很是不解。

一向乖巧的小强怎么会突然被激怒而向同学大打出手?日常生活中,如果我们被人叫作"胆小鬼",或许我们会生气,但绝不会情绪激动而做出一些伤人害己的事。小强的问题与青春期孩子的情绪特点有关:

一是情绪变化迅速。这时期的孩子情绪很不稳定,来得快、去得也快。

二是情绪活动明显呈现两极性。很容易由一个面转换到另一个面,甚至由一个极端走向另一个极端。

三是情绪反应强烈。冲动时理智控制作用减弱,很容易做出不计后果的过激行为。

心理承受能力关系到一个青春期孩子的成长状况。心理承受力强的孩子,情绪稳定、意志顽强、积极进取、敢于冒险、乐于尝试新鲜陌生的领域,面对挫折和变化也能保持乐观态度,百折不挠、愈战愈勇。而心理承受力弱的孩子会表现得胆怯、退缩、耐性差、懦弱、焦虑和自卑,面对困难缺乏坚持。

我们的孩子将来会生活在一个纷繁变化的社会,他们将会面对职场的激烈竞争、复杂的人际关系,也免不了遭遇情场失意、事业困境、生意败北……他们的心理承受能力,直接关系到他们以后的人生是否幸福。

因此,帮助青春期孩子疏导情绪,强化孩子的心理承受能力,是父母给予孩子受益一生的珍贵礼物。

心理支招

1.停止对孩子不切实际的期望

无论何时,父母都是孩子的天,如果孩子常常感受到自己让父母失望,那么这对孩子而言将是毁灭性的心理打击。

因此,作为父母,无论你的孩子学习成绩如何,是否有特长,你都要调整好心态,为孩子点点滴滴的成长与进步而高兴、骄傲。我们要进行"纵向比较"。比如,如果孩子这次的学习测验成绩比上次好,你就要奖励孩子、鼓励孩子。拿自己的孩子和其他孩子进行横向比较的方法是要不得的。

2.让孩子有畅通的情绪宣泄渠道

青春期的孩子是脆弱的、敏感的、容易受伤的,即使是男孩,他们也会悲伤沮丧。此时,你要让孩子尽情宣泄,让他哭个涕泪滂沱,而不能说孩子"别哭""男孩子不能哭"这样的话。告诉孩子:"我知道你很难过。"或者什么都别说,给孩子独处的空间和时间去消化自己的情绪。

3."事件"结束后,帮助孩子正确梳理情绪

等"事件"结束,孩子心情基本平定后,再帮助他做自我反省,这样就能较理性、客观地看待和分析问题了。

总之,青春期是孩子心理波动较强的时期,在此期间,孩子的心理承受能力比较差,一些小事都可能引起他们的过激情绪和行为。我们平时管教孩子时,要多注意他们的心理健康教育,帮助孩子正确认识自己的情绪、管理自己的情绪,让其保持稳定的心境!

第10章

青春的友情，引导孩子正确择友与交友

青春期，由于孩子生理及心理的变化，他们的心理变得异常敏感，很容易出现社交恐惧症。有些孩子害怕与人交流，尤其是面对陌生人或者异性的时候，更是束手无策、面红耳赤，连句完整的话都说不出来。对此，作为父母，应该帮助孩子矫正交际心理，战胜社交恐惧症。

引导孩子建立自己的择友标准

家长的烦恼

一位妈妈回忆了自己引导孩子树立交友原则的往事:

孩子上了高中之后,朋友开始多了起来,我和他爸爸都感到很高兴,因为我和他爸爸本身也是喜欢交朋友的人,家里经常会有朋友来访。不过,没过多长时间,儿子就满脸困惑:"妈妈,朋友之间是不是应该毫无保留?""妈妈,刚认识一天的朋友跟我借钱,我该怎么办呢?""妈妈,你说朋友是一辈子的吗?"

当时,我并没有直接回答孩子的这些问题,而是通过我与朋友的故事来影响他。我从小到大的朋友小张来家里玩,她走了之后,我告诉孩子:"朋友可以是一辈子的,就像我和你张阿姨,我们虽然有过矛盾、有过争吵,但我们至今仍保持联系。但并不是每一段友谊都是这样,有的朋友'是君子之交淡如水',比如我在生意场上的朋友;还有的朋友经不起时间的考验,比如我的大学朋友小万,毕业之后她变化很大,我们的价值观和人生观逐渐变得不契合,因此,我们也渐渐失去了联系……"

在关于孩子交友这件事情上,我跟他爸爸商量过,我们不会结交一些不三不四的朋友,也不会做伤害朋友、出卖朋友的事情。我们用自己的交友原则来潜移默化地影响孩子,希望孩子能掌握正确的交友原则。

青春期孩子"渴望被接纳、寻求伙伴"的这一心理特点十分突出。作为父母,应该指导孩子树立正确的交友观,包括"君子之交淡如水""人生难得一知音"等。一方面引导孩子寻求朋友、接纳伙伴,另一方面培养孩子坚强的意志品质和自控能力，不要轻易将内心的痛苦、不悦吐露给朋友。

古代，人们在谈修养时曾说到几慎，其中最重要的一慎就是"慎交友"。正所谓"近朱者赤，近墨者黑"，这句流传了千百年的至理名言告诉我们：交朋友要慎重、要讲原则。许多孩子说自己的交友标准"一是要成绩优秀，二是要有权，三是要有钱"，如此的交友原则令人大跌眼镜。心理专家认为，孩子产生这样的观念是受到了家庭、同伴和社会不良风气的影响。友谊是朋友之间的一种亲密感情，交友是做人、做事都不可或缺的重要内容。对于许多人来说，一生中最温暖而又真情永驻的友谊是在少年时期培养起来的。因此，作为父母，应言传身教、积极主动、认真负责地帮助孩子树立正确的交友观。

心理支招

1.引导孩子树立正确的择友观

马克思说："一个人的发展取决于和他直接或间接进行交往的其他一切人的发展。"孩子交什么样的朋友，对他的身心健康与发展起着至关重要的作用。随着社会的发展，孩子的交友观念也有了很大的改变。由于孩子尚未成熟，缺乏社会阅历和辨别能力，在择友上出现了一些不正确的想法：有的孩子交友就是希望能跟着吃喝玩乐；有的则是自己不愿意学习，总想抄朋友的作业；还有的是讲哥们儿义气，为了自己不被欺负而交朋友等。对此，父母要引导孩子树立正确的择友观，告诉孩子"朋友应该是志趣相投、志同道合的"。

2.父母做好榜样

一般来说，父母是孩子模仿的第一对象。父母对自己的朋友怎么样，潜移默化地会影响到孩子。如果父母自己总是交一些酒肉朋友，经常做一些伤害朋友的事情，朋友有了困难也不闻不问，那么，孩子在结交朋友的时候，也会变成一个黑白不分、自私自利的人。

3.教会孩子掌握交友的原则

引导孩子交良友、益友，好的朋友能使孩子得到真正的友谊和快乐。教孩子学会体谅朋友，朋友之间若是发生了误会、口角，要"宰相肚里能撑船"，对待朋友要学会忍让和谅解；"难得是诤友，当面敢批评"，鼓励孩子自我批评，学会接受朋友提出的意见。

如何克服青春期社交恐惧症

家长的烦恼

电话那边，戴先生讲述了自己儿子的情况：

我儿子今年17岁了，是一所普通高中二年级的学生，我和他妈妈都是大专毕业，在机关工作，我们家族没有精神疾病的遗传史。因为家里就他一个男孩，全家人都对他很疼爱，不过，他爷爷对他要求十分严格，希望他将来可以做出一番大的事业。他从小就很腼腆，不喜欢说话，家里来客人了，他经常躲着不见。上学这么多年，他都没什么朋友，平时不上课就窝在家里。

现在他读寄宿高中了，开始感觉到很多事情不顺利，他很苦恼，常常抱怨，一副不知所措的样子。前不久，他说在学校里一个女生用余光瞄了他一眼，他就觉得对方在警告自己。从此，他更害怕与人打交道了，尤其是遇到异性，他就很紧张，注意力无法集中。严重的时候，甚至还会发展到与同性、与老师不敢视线接触。他常常对我说："爸爸，我很痛苦，好苦恼，可又不知道该怎么办。"看见儿子这样，我真的很痛心。

人际关系是处在青春期的中学生最常遇见的问题，是导致各种心理问题的主要因素，而人际交往障碍影响了孩子的正常学习和生活。在案例中，长期宠溺的家庭生活让孩子的生活自理能力变得极差，很难独立适应学校的生活的同时，也让孩子形成了不良的人格特征。而在青春期这个特殊的生理、心理发育时期，孩子一方面十分渴望获得友谊和建立良好的人际关系；另一方面又有很强的自我意识与独立性。再加上孩子第一次离开家，他的心理健康水平比较低，自我调整能力差，以至于形成了一些不正确的认识和观念。所以，他很难适应新的、比较复杂的人际关系和学校环境，从而导致了人际交往障碍。

许多处于青春期的孩子都有人际交往障碍，他们心里有很多苦恼："我性格内向，不愿和别人交往，我的内心也很苦恼，怎样才能做一个善于交际的人呢？""我是一个男孩，但无论和男生或女生说话时，都不敢看对方的眼睛，手一会儿挠头一会儿揣兜，我该怎么办？""我太在乎别人对我的看法，和别人沟通时，我都在担心别人怎么看我，尤其是面对比较重要的人，我还有点儿自卑。""我觉得我自己心理上有问题，很多时候很想跟别人聊天，但又不知道该聊些什么，很多时候我很害羞，说话也不敢大声，我感觉自己好胆小、好内向。"从孩子们的心声中我们可以看到，他们中的大多数只是性格内向、不善于交际，或是不懂得沟通的艺术，而导致社交过程中出现不适，并非他们不愿意与人交往。

心理专家称，在青春期，孩子们很容易产生社交恐惧，严重的还会发展成社交恐惧症。在青春期，一个人的生理和心理都会发生急剧的变化，如果在这一阶段遇到心理问题没有解决好，就很可能影响他们将来的升学、求职、就业、婚姻等一系列问题。

心理支招

1.父母要做好榜样

在一个家庭里，父母二人要和谐相处，在日常生活中积极沟通，用自己的社交行为为孩子做出典范。如果父母平日里总是吵架，对孩子的教育意见长期出现分歧等，这些情形都会让孩子感到不安、畏惧，甚至丧失自信心。因此，父母要做好榜样，彼此和睦相处，孩子自然而然就不畏惧交际了。

2.鼓励孩子与同龄孩子交往

现代社会，大多数家庭都是独生子女，虽然许多孩子能得到父母良好的教育，但是如果他们缺乏与同龄孩子的交往经历，身心同样无法健康成长。因此，父母要鼓励和支持孩子与同龄人交往。因为孩子在与同龄人的交往中，不仅会遵守共同的规则，懂得尊重别人的权利，还可以学到如何与人合作、如何交朋友。

不要过多限制孩子的交友自由

家长的烦恼

一位妈妈讲述了这样一个故事：

那天，我们一家人坐在家里看电视，我还特意去切了一盘水果。正看得起劲儿的时候，电话铃响了。15岁的女儿一下子跳起来，喊道："我来接。"她跑进自己的房间，拿起电话还不忘把门关起来。这一系列动作让我和她爸爸惊愕不已，我们交换了一下眼神，彼此看到一个问号：这个电话就像是早就约好的？为什么要到自己房间去接听呢？为什么要关上门呢？难道……我和她爸爸从来没这样"心有灵犀"过。

她爸爸用眼神示意我，我悄悄地拿起电话，听到一阵快乐的笑声，或许太紧张，我不禁咳嗽了一声。这时，女儿在屋里大声说道："先不说了，我们家有窃听器！"然后，"啪"的一声，电话挂断了。我紧张地望着女儿的房门，但是那扇门却久久没有打开。

过了很久，女儿才开始跟我说话。当我们再次谈到这件事的时候，女儿眼里噙满了泪水，她说："其实那个电话是一位女同学打来的，我们并没有什么不能让人听的话，我还准备听完电话就把那件好笑的事情告诉你们，但是你们为什么不相信我？为什么要干涉我交朋友的自由呢？难道我没有自由交际的权利吗？"听了女儿的话，我陷入了沉思。

孩子成长的每个阶段都需要朋友，古人云："近朱者赤，近墨者黑。"许多父母都明白这个道理，但他们担心孩子结交不好的朋友，或者陷入早恋。于是，在孩子交友的过程中，父母或多或少都会进行干预或指导。父母都是世界

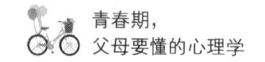

观和价值观已经成熟的过来人，但是，在面对孩子交友时却一味摆出强硬的姿态，干涉孩子交朋友的权利，如此只会适得其反。

对于父母限制自己交朋友的权利，孩子们也有话要说。一位初三的男孩子说："我爸妈经常叫我跟学习好的同学玩，但跟我关系好的同学成绩都很一般。我喜欢跟活泼开朗的同学交朋友，他们性格阳光、容易相处，也像我一样喜欢运动，我们相处得很开心。"另一位初二的孩子也说："我爸妈管我管得很严，每天放学回家都要向他们汇报在学校的一切情况，我很烦他们问这问那，更烦的是他们每次都不忘教育我要跟品学兼优的同学一起玩。我其实反而愿意跟那些成绩差的同学玩，我觉得他们很有趣，也够义气，经常能跟他们打成一片。我讨厌父母的干涉，越干涉我就越叛逆。"

心理学研究表明，青少年时期的思维、行动受到过多的限制，活动范围狭小，接触的事物单纯，不与同龄人交往，很容易使心理发生变化，形成孤僻、难以与人沟通和相处的性格。在生活中，有的父母对孩子管得太严，限制干涉太多：参加活动要限制时间、交往要限制对象、外出限制地域、娱乐限制范围等，但他们从根本上忽视了正在走向独立的孩子有怎样的心理需求。

心理支招

1.对孩子交友，应当劝阻，不应包办

对于父母来说，需要给孩子把好"交友关"，特别是孩子沉迷手机、网络聊天的时候，父母应该适当劝阻。然而，对于孩子挑选朋友方面，父母不能太自私或功利性太强，不应只允许孩子交成绩好的朋友。要知道，假如自己的孩子成绩很优秀，那就有责任去帮助那些成绩差的孩子，如此才能培养孩子的社会责任感。

2.与孩子成为朋友

首先，父母就应该做孩子的知心朋友，敞开心扉与孩子聊天。通过聊天，孩子才能愿意把心里的疑惑和成长的烦恼告诉父母。而且，这样的聊天是平等的，而不是居高临下的。你可以问孩子："你对朋友有什么要求啊，看我合不合格？"与孩子的关系融洽，自然会帮助孩子解决交友的问题。

3.尊重孩子的隐私

许多父母抱怨："我生你养你，你是我的，我当然有权力知道你的一切，包括你所交的朋友。"实际上，这对孩子是一种伤害。父母应该尊重孩子的隐私，但并不是放任，而是在接触孩子隐私时找出最佳的途径，比如，孩子打了电话后，你可以问："电话打了那么久，是不是有人要你帮忙？"

孩子为什么总喜欢独来独往

家长的烦恼

小娜以出色的成绩考上了一所重点中学，可才上学没几天，小娜突然对妈妈说："我不想上学了。"小娜是一个内向的孩子，不愿意与人交往，她很少主动与人打招呼，在同学中关系比较好的也只有那么一两个，平时独来独往，显得很不合群。来到新的学校，一切对小娜来说都是那么陌生，她没有伙伴，感觉自己备受冷落，认为自己不被别人喜欢，心里非常难过，小娜说自己似乎不是这个班集体的人，没有人理会她。

当小娜说了自己的情况之后，妈妈本来也没多在意，只是鼓励说："你要主动与同学交往，与他们交朋友。"过了一段时间，小娜基本上不与同学来往，也很少参加集体活动，与同学之间的感情越来越淡漠，她在日记里写道："我感觉在学校里没有人了解自己、信任自己、帮助自己，孤独感和自卑感时刻笼罩着我。"妈妈也感觉到小娜情绪很不稳定，时而抑郁，时而焦虑，每天都十分痛苦。由于情绪不稳定，所以小娜学习时精力很难集中，学习效率非常差，成绩也急剧下降。看见女儿这样，妈妈很着急。

于是，妈妈带着小娜来到了一家心理诊所。当心理医生给小娜做"我是什么样的人"自我评价的测试时，小娜只写出了三条自己的优点，其余都是自己的缺点和不足。可以看出她对自己评价很低，缺少内在的自我价值感。通过沟通，心理医生了解到小娜的爸爸不喜欢女孩子，一直想要一个男孩，所以，从小到大爸爸都很少欣赏、鼓励、赞美她。正是爸爸重男轻女的偏见，造成了女儿的自卑和痛苦，也间接导致了小娜的人际交往产生障碍。

人是生活在各种人际关系中的，与人交往是人的一种心理需要，交往对青少年的成长有着特殊意义。心理学家指出："人们总是希望有人与他进行交流，从而摆脱孤独与寂寞；希望参与集体活动，希望加入某一群体，并被群体所接纳，从而获得归属感。这样，快乐时有人与你分享，痛苦时有人为你分担，迷茫时有人给你指点方向，困难时有人给你帮助，忧伤时有人给你安慰，气馁时有人给你打气。通过交往，人们能够寻求心灵的沟通，能够寻找感情的寄托。"

通过大量研究发现，在良好的人际关系中成长起来的孩子，在成年之后更容易获得成功。许多教育家也认为，学生时代的友谊会影响一个孩子交友的习惯和自尊心，其影响程度几乎相当于父母的关怀。如果孩子没有朋友，或者说不被同伴所接纳，那么，即使他后来取得了很大的成功，他心里还是有一种空虚感、不安全感和不满足感。

心理支招

1.利用互惠心理，引导孩子交朋友

一位心理学教授曾做了一个实验：他在一群素不相识的人中随机抽样，给被挑选出来的人寄去了圣诞卡片。结果，大部分收到卡片的人，都给他回寄了一张。那些回赠卡片给教授的人，根本没有想过打听这个陌生人是谁，他们回赠卡片的原因在于他们不想欠别人的情。

对此，父母可以建议孩子在朋友过生日时送份礼物，逢年过节时给朋友发一条问候的短信。引导孩子对朋友慷慨大方、热情好客，乐于施惠给自己渴望结交的朋友，比如，帮对方做事、送礼物给对方、邀请对方看新买的书等。这样，朋友们也一定会给孩子回馈的，常来常往，孩子的朋友自然就会多起来。

2.为孩子创造结交朋友的机会

如果孩子经常独来独往，缺少朋友。那么，父母可以为孩子引路，创造一些结交朋友的机会。现代社会，一个家庭往往只有一个孩子，而孩子总是独自一个人在家，自然不容易交到朋友。这时，父母不妨做一个中间人，为孩子牵线搭桥，比如邀请朋友、同事或邻居的孩子到家里玩，让孩子热情招待他们。孩子们玩起来的时候，父母应回避，如果孩子玩过了头，父母应温和地提出建议："玩得太久了，要不约个时间下次再玩好吗？"

3.引导孩子处理交际中的问题

孩子在与朋友交往的过程中，难免会出现这样或那样的问题。这时，父母应留心观察，耐心地给予指导，如果孩子与朋友之间出现了矛盾或发生了口角，父母应及时了解原因，帮助孩子分析，引导孩子自己去化解矛盾、处理问题。

虽然性格比较内向的孩子需要父母的引导，但父母也应给孩子一定的自主权，让孩子在合理的范围内自己做决定，这样才有利于孩子的健康成长。在选择朋友方面，父母不要干涉太多，否则会适得其反。

关心孩子交什么样的朋友

家长的烦恼

秦妈妈讲述了自己与女儿之间的故事：

我是个离婚的女人，一个人带着孩子过日子。女儿已经17岁了，我的愿望就是让女儿上个好大学。从小，女儿学习就很好，一直当班长，我经常教育女儿要学会帮助别人："赠人玫瑰，手有余香。帮助别人是一件快乐的事情。"

我不会干涉女儿交朋友，但会密切关注孩子与哪些朋友一起玩。女儿上高二的时候，班上转来一名北方的男孩，个子高高大大的，但比较内向，学习成绩也不太好。女儿每次回家都会提到那个男孩子的名字，我小心翼翼地问："你为什么总是那么关注他呢？"女儿笑着回答说："班主任让我课后辅导他的英语，所以我们走得比较近。"我没作声，但有些担心。后来，我跟大多数父母一样做了一些蠢事，我偷看了女儿的日记，跟踪了女儿几次。女儿发现后，开始像看敌人一样看我。

在心理医生的帮助下，我先跟女儿道了歉，然后与她倾心交谈。谈话中，我了解到女儿的孤独和烦恼，也了解到那个男孩子是因为刚刚遭遇家庭变故才变得消沉，女儿是因为同病相怜才去安慰他，他们也因此成为谈得拢的朋友。女儿表示以后不会让我伤心，会好好读书，但要求放松家规，信任并尊重她。我答应了，直到现在，女儿与那位男孩子依然是很好的朋友，我很庆幸当初没做更错误的事情。否则，我一定会更加后悔。

离异家庭中成长的孩子有着敏感的心灵，他们害怕自己被人看不起，更容易被那些有相似经历的人打动。在这个案例中，秦女士及时咨询了心理医生，才挽回了与女儿的危机关系。而恰恰是在倾心交谈之中，秦女士才意识到原来女儿是那么的孤独和苦恼。其实，在现实生活中，许多父母只关注孩子成绩好不好、生活好不好，却忽略了孩子的心理问题，而这些问题可以通过孩子的择友体现出来。

青春期之前，孩子依赖的是家长，进入青春期以后，他们开始将重心放到朋友身上。孩子开始交朋友，为了朋友，他们可以去学校门口等，可以和朋友一起逛街，可以和朋友留在学校打篮球，甚至去打架，他们不在乎回家晚了会看到父母铁青的脸色。是什么原因让孩子变成这样呢？其实就是孩子的心理需求。

心理支招

1.正确看待孩子与异性交往

由于青春期是求学的黄金时期，一些父母总是担心孩子幼稚、冲动，影响学业，对孩子结交异性朋友，常常持反对意见，戴着"有色眼镜"，任凭主观臆测，给孩子施加压力，用"早恋"来界定孩子们的这种情感需求，禁止孩子与异性交往。其实，这样做不仅伤害了孩子的自尊心，还容易造成心理偏差，影响孩子以后的人际交往和社会适应能力。

青春期的孩子出现对异性朦胧的好感是很正常的，通过与异性的交往认识异性，这也是成长的必经过程。对此，父母不要过于紧张，横加干涉，而应站在孩子的立场上，跟他们一起讨论"男女生怎么样交往才妥当"的问题。

2.引导孩子交好朋友

在青春期，孩子时而浮想联翩，时而忧心忡忡，这些感情不适合与父母分享，父母不是孩子吐露心声的最佳选择，而最好、最安全的是身边的朋友。对于孩子的择友，父母只需要提出一些底线要求就可以了，比如"带你做坏事的人不能做朋友""很自私的人不能做朋友""自以为是的人不能做朋友"等。

孩子在学校人缘不好怎么办

家长的烦恼

张妈妈说："我们疼爱小洁，经常给她买漂亮的衣服和最好的玩具。可因为工作忙，陪伴小洁的时间很少。她总是一个人在家看电视、玩玩具。上了中学后，她不太懂得如何跟同学相处，也不知道如何与人分享。同学们看她漂亮，东西用得好，就都以为她很骄傲，不想和大家来往，所以大家也不愿意跟她做朋友。时间长了，小洁越来越孤单。"

李妈妈接过话茬儿："我家磊磊比较矮胖，成绩不好，又不喜欢说话，在班上就像一个隐形人。下课的时候，他也不和同学玩，只是趴在桌上假装睡觉，听同学们在议论些什么。那天，他爸爸问他考试怎么样，他突然和爸爸顶撞起来，还被爸爸骂了几句。后来我才知道，有同学说他'成绩那么差，长得又丑，干脆丢到垃圾桶里算了'，弄得他心情非常不好。"

聂妈妈继续说："我家是两个千金，大女儿成绩好、聪明漂亮，是学校里的活跃人物。小女儿却和姐姐相反。平时，我们表扬姐姐多，在学校，老师、同学都对姐姐好，忽视了小女儿的感受。慢慢地我们发现，小女儿越来越喜欢和姐姐比较，嫉妒姐姐。"

在三位妈妈的叙述中我们不难发现，孩子交际能力差，一部分原因也出在父母身上。小洁的父母认为自己疼爱孩子，但是，疼孩子并不是光给她买东西，而应该关心孩子心里在想什么；磊磊本身矮胖，成绩又不好，他本来就自卑，但回到家里，父母只问成绩，对他关心不够，这让磊磊觉得很失落，更加没有勇气去与人交往；聂妈妈对两个女儿不能做到一碗水端平，使小女儿伤心失落。

现代社会，许多家庭都是独生子女，这些孩子养成了"凡事以自我为中心"的个性，这恰恰是孩子与他人正常交往的障碍。以自我为中心的孩子总是强调自己的需要和兴趣，只关心自己的感觉，对别人漠不关心。这样的孩子大多自尊心很强，不愿意别人超过自己，对别人取得好成绩非常嫉妒，对别人的失败则幸灾乐祸。在与别人谈话的时候，总是谈着"自己""我"，不愿意听别人的情况。而这样的性格特点都是因为父母的宠溺，许多父母认为，孩子只有一个，就应该把好的东西都给孩子，宁愿自己吃苦也不愿意孩子吃苦。

孩子为什么人缘不好，这也是家长应该反思的问题。作为父母，应该反省自己的家庭教育方式，及时作出调整，才能帮助孩子冲破"社交障碍"。

孩子进入青春期以后，父母要有意识地锻炼他们与人交往的能力，让孩子与同学、朋友一起玩，逐渐学会谦让、忍耐、协作。否则，孩子总是与父母在一起，备受宠爱，养成了霸道、以自我为中心的个性，以后进入社会就不能很好地与人相处了。

心理支招

1.少批评，多赏识

对于人缘不好的孩子，父母要少批评、多表扬，要及时发现孩子的闪光点，关注孩子的优点，比如"我觉得你写的文章很不错"，增强孩子的自信心。孩子对自己充满信心，自然会愿意与人交往。

2.让孩子走出家庭

在家庭里，父母对孩子关心多、照顾多，有好吃的都留给孩子，宁愿自己省一点儿，也不能亏了孩子。但是在学校里或社会上，孩子与同龄人相处，机会是均等的，大家都遵守共同的规则，因此孩子一定要学会平等待人，学会理解别人。

第10章
青春的友情，引导孩子正确择友与交友

培养孩子的底线意识和拒绝技巧

家长的烦恼

这是一封不愿意透露姓名的父亲的来信：

老师，您好！我最近一直很担心孩子的社交问题，他一向很听话，从来没让大人着急过，但是最近，我发现他做事优柔寡断、不懂得拒绝别人，常常搞得自己很苦恼。前不久，儿子透露说班里有一个女生给他写了一封信，我和他妈妈都很开明，就对他说："这件事，你得自己与那个女生沟通，委婉拒绝她。"当时，他答应了，可过了几天，他妈妈再次问他的时候，他却说："我不知道该怎么拒绝她，万一伤害了她怎么办？"我们建议他想好了再说，没想到这事情一拖再拖，这不，那个女孩子又写了第二封信，所以他很苦恼。但是，我觉得这完全是因为他优柔寡断、不懂拒绝的个性，才将本来很简单的事情复杂化了。

平日里，我们都教育他要热情善良、大度礼让、乐于助人。但没想到，他这样的个性在学校过得并不舒坦，他上高中一年多，由于同学的要求，他经常帮同学们借书、买饮料、跑腿、锁自行车、拿衣服……他自己舍不得花的零花钱也要借给同学，同学没再提还的事情，儿子也不好意思要，只能在家生闷气。他每天回来都跟我说："爸爸，我觉得好忙、好累。"刚开始的时候，我并不知道真实情况，后来，问他才知道他对于同学们的要求从来都是不拒绝的。看见儿子长得越来越高大，我就不明白了，怎么会那么优柔寡断、不懂拒绝人呢？要真是这样，将来怎么能成大事呢？

在这封信中，父母告诉孩子要热情善良、大度礼让、乐于助人，这样的教育是正确的。但问题在于，父母只重视了道德教育，却忽略了孩子的社会化教育。社会化教育的缺失让孩子在与人交往时显得心智不成熟。作为一个社会人，我们每一个人都不能脱离社会而独自生活。假如孩子不懂得果断做决定、不懂得巧妙拒绝别人不合理的要求，不能恰当地表达自己的不满情绪，那么，孩子在整个社交活动中只会感觉到心累。

心理学家认为，一个人遇事反反复复、犹豫不决，总拿不定主意的现象是意志薄弱的表现，它直接影响着一个人选择能力的强弱，而选择能力的强弱又对人的成功与否起着至关重要的作用。在人生中，有的选择会直接影响自己或他人一生的命运，而优柔寡断、犹豫不决正是选择的大敌。

将来，孩子要独立面对纷繁复杂的社会局面，这时，身边没有父母的话可以听，而自己又拿不定主意、不懂得拒绝人，那可是要误事吃亏的。因此，父母要尽量教会孩子有自己的主见，懂得巧妙拒绝他人，使孩子学会对自己负责，也对他人负责。

心理支招

1.不要将孩子禁锢在"听话"的藩篱之内

一直以来，父母的教育方式就是让孩子听话，听话的孩子就是好孩子，无论大事小事，只需要孩子服从。对此，心理专家说：胆小怯弱的孩子所接受的家庭教育，要么是父母管教比较严苛，要么是父母二人的教育态度不一致，一方太强，一方太弱。父母在设置了一些禁令之后，只让孩子服从、听话，而不告诉孩子为什么要这样做，很少倾听孩子的意愿。在家里要求听话的孩子，难免将这种人际交往方式迁移到与他人的交往中。因此，他们总是处在一种人强我弱的位置，对于他人提出的不合理要求，也不懂得拒绝。因此，父母不要总是要求孩子做这做那，而是要倾听孩子的意愿："你打算做什么样的决定？"

2.鼓励孩子当断则断

有的孩子遇事犹豫不决，一个重要的原因就是怕自己考虑得不周全。虽然考虑周全是无可非议的，但万事追求完美，就会错失良机。因此，父母应该让孩子懂得，凡事有七八分把握，就应该下决心了，这样可以培养孩子形成果断的性格。

3.教会孩子以商量的方式拒绝

拒绝别人，有时需要和对方商讨，一直到对方认可自己。比如，碰到比自己小的孩子想要玩比较危险的游戏时，你可以教会孩子这样拒绝："你太小了，还玩不了这么大的车，太危险了，碰着你会流血的，等你长大了，我再教你玩，好吗？"

4.引导孩子安全地表达自己的不满情绪

许多孩子在家里做惯了"小皇帝""小公主"，在学校，他们也不自觉地指使身边的同学做这做那，如果孩子不懂巧妙拒绝的话，那可能就要受欺负了。因此，对于那些不合理的要求，父母可以引导孩子以恰当的方式表达自己的不满情绪，比如"刚才做了那么多作业，我已经很累了，不好意思"。

参考文献

[1] 李宗远.10~16岁青春期，父母要懂的心理学[M].北京：中国纺织出版社，2017.

[2] 刘俊，陈健，席秀梅.每天读点青春期心理学[M].北京：中国纺织出版社有限公司，2020.

[3] 刘华清，章程.解码青春期，养育十几岁孩子的教育心理学[M].北京：化学工业出版社，2020.

[4] 斯坦伯格.与青春期和解[M].孙闰松，译.北京：人民邮电出版社，2019.